大展好書　好書大展
品嘗好書　冠群可期

大展好書　好書大展

品嘗好書　冠群可期

輕鬆學武術 12

陳式太極拳
36式套路分解教學
（附DVD）

劉淑慧　編著
劉淑慧　演練

大展出版社有限公司

作者簡介

劉淑慧，女，畢業於俄羅斯聖彼德堡國家體育大學，教育學博士。7歲習武，先後在安徽省體育運動學校、上海體育學院、俄羅斯聖彼德堡國家體育大學學習，師從於高級教練徐淑貞及王培錕、邱丕相、曾美英、趙光聖教授，還曾拜中國少林寺大師釋德虔爲師，得到過北京體育大學闞桂香、門惠豐教授和陳式太極拳傳人陳正雷大師以及太極拳冠軍王二平的親自指導。

曾連續10年（1976～1986年）獲得安徽省武術比賽全能冠軍。曾獲上海市九運會太極拳冠軍和上海市52公斤級女子散打冠軍。1982年獲全國傳統武術比賽優勝獎。1997年獲國際少林武術節槍術冠軍。

1998年參加在俄羅斯·聖彼德堡舉行的國際搏擊大賽，共獲九項（長拳、太極拳24式、翻子拳、雙刀、槍術、金剛大刀、三人對拳、單刀進雙槍、陳式太極拳）金牌，被國際搏擊聯合會授予「九段」稱號。

2001年3月參加在三亞舉行的由國家武術管理中心舉辦的首屆國際太極拳健康大會，獲陳式太極拳36式一等獎。2001年12月參加在珠海舉辦的國際太極拳交流大會，榮獲太極拳42式競賽套路、陳式太極拳競賽套路、陳式太極劍36式3枚金牌；所帶的太極拳代表隊共獲獎杯3座（集體項目太極拳42式一等獎，太極拳24式二等獎，

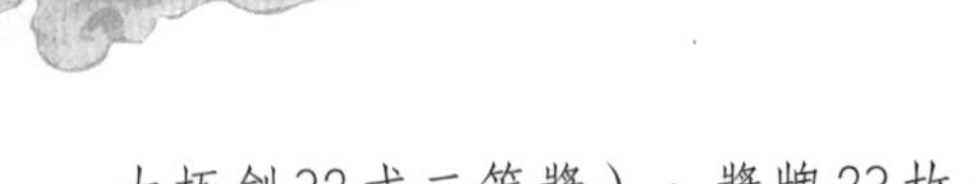

太極劍32式二等獎）、獎牌23枚。

2003年12月帶隊參加深圳市傳統武術比賽，所帶的代表隊獲青年組10個一等獎，2個特等獎。2003年2月參加香港首屆國際武術節比賽，共獲六項（槍術、陳式太極拳競賽套路、太極器械、雙器械、對練、集體太極拳）金牌。2003年8月帶領深圳職業技術學院學生代表隊參加廣東省第六屆大學生運動會武術比賽，共獲金牌6枚（男子太極拳42式、棍術、長拳；女子劍術、槍術、棍術）、銀牌5枚、銅牌5枚。

2005年5月，參加在泰山舉行的首屆東岳太極拳交流大賽，獲得陳式太極拳36式個人一等獎；2005年8月參加在焦作舉行的國際太極拳交流大賽，獲得女子陳式太極劍一等獎。

2007年3月，帶隊並參加在香港舉行的第2屆香港國際武術大獎賽，她本人獲得雙刀、陳式太極拳競賽套路以及集體刀術的3枚金牌，學生老師共獲金牌17枚。2007年8月參加在石嘴山市舉行的國際武術邀請賽，一舉獲得陳式太極拳競賽套路和陳式太極劍36式以及傳統器械雙刀3枚金牌。

2008年2月參加了在香港舉行的第3屆國際武術邀請賽，再次獲得陳式太極拳競賽套路和傳統器械2枚金牌。

現任深圳職業技術學院體育部副教授，主要承擔《武術》和《體育保健》等課程，負責學院的武術聯合會、武術運動隊的工作。先後在《中國體育科技》《安徽體育科技》《中國職業技術教育》等刊物上，發表專業論文20多篇。

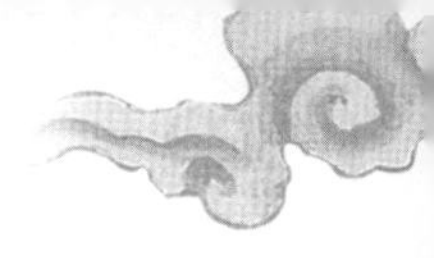

合作編著了《世界體育大事典》《擒拿格鬥技擊術》《護手雙鈎》《大學體育》《體育與健康教程》《大學體育教程》《高職體育實踐教程》等著作和教材。由中國人民體育音像出版社出版了《女子防身術》教學光碟和《練功十八法保健操》雙語教學光碟。獨立編著了《陳式太極拳競賽套路分解教學》，由安徽科學技術出版社出版。

先後去過俄羅斯、英國、義大利、泰國，傳播中國武術和文化，並做了大量的考察、教學和研究工作。有20多年豐富的武術教學經驗。個人傳記被編入《世界名人錄》，並且榮獲「深圳市教育事業專家」稱號。

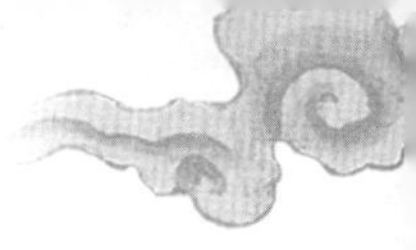

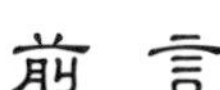

前言

陳式太極拳是中國武術太極拳各種流派中最古老的拳種之一，在國內外享有盛譽。其內容和風格各具特色。每一動作都是以纏絲勁法和鬆活彈抖的發力運動爲核心的由內及外的圓弧運動。動作往返纏繞，圓轉曲折，剛柔、快慢，開合、蓄發等節奏變化尤爲顯著，因而，套路動作技術比較複雜，不易掌握，教學難點也很多。

爲了繼承和發揚陳式風格的太極拳，把它普及到群眾中去，我的恩師闞桂香教授和田秀臣老師共同在傳統拳架技術精華的基礎上，根據由簡到繁、由易到難的原則，融會「陳式太極拳大架第一路」的主要技術內容和動作結構，創編了「陳式太極拳36式」。在此基礎上，透過各種形式的教學實踐，特別是在安徽省及北京市舉辦的「陳式簡化太極拳訓練班」的教學試點，在領導和學員們的熱情協助下，總結出這套陳式太極拳36式。既豐富了太極拳鍛鍊的內容，又便於初學者練習。

本人在1986年，有幸跟著闞桂香老師學習陳式太極拳36式和陳式36式太極劍（當時，闞老師先後在安徽合肥舉辦了兩次陳式太極拳36式的學習班）。我先後於1989年在西安市舉行的全國傳統武術比賽上、1991年在南昌市舉行的全國傳統武術比賽中，得到了闞老師的精心指點和輔導。1996年6月，我出國留學，在留學期間先後在俄羅斯、英國、義大利等國教授，傳播闞老師的陳式太極拳和陳式太極

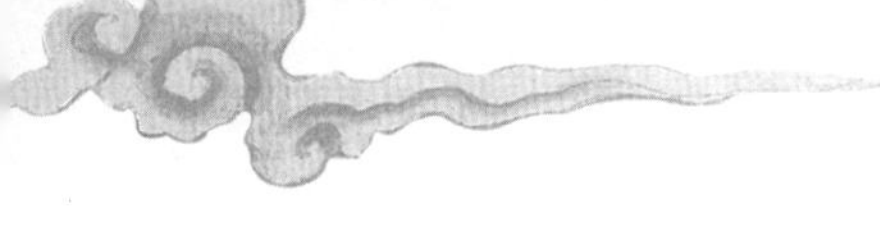

劍36式。1998年，在回國參加海外教練員段位培訓班時，又再次得到闞老師的單獨指點，讓我受益匪淺。2001年3月，我留學畢業回國，參加了在海南省三亞市舉行的由國家武術管理中心舉辦的首屆世界太極拳健康大會，又喜遇闞桂香老師，並參加了闞桂香老師的專家講座和學習，參加了陳式太極拳36式的比賽，並獲得一等獎。2001年12月，我參加了在廣東省珠海市舉辦的國際太極拳交流大會，榮獲陳式太極拳36式、陳式太極劍36式以及太極拳42式的3枚金牌。接著，2004年5月，我又去黃山，參加闞桂香老師和門惠豐老師的太極拳學習班，進一步提高了陳式太極拳技藝。2004年8月又奔赴泰山，向闞老師和門老師學習東岳太極拳，並參加陳式太極拳的交流比賽，榮獲太極拳36式的一等獎；2005年8月，我參加了在焦作市舉行的由國家武術管理中心舉辦的國際太極拳比賽，獲得陳式太極拳和陳式太極劍36式的一等獎。2007年3月參加在香港舉行的第2屆香港國際武術大獎賽，獲得傳統器械雙刀、陳式太極拳競賽套路和集體刀術的3枚金牌。同年8月參加中國石嘴山市第2已國際武術邀請賽，再次獲得陳式太極拳競賽套路、傳統器械、陳式太極劍3枚金牌。2008年2月參加在香港舉行的第3屆國際武術大獎賽中再次獲得陳式太極拳的冠軍。

首先，感謝教育我、培養我的闞桂香老師和門惠豐老師。同時，在本書編寫過程中，得到了深圳職業技術學院的大力支持以及與我一起演練的林清先生和冷先鋒先生、攝影陳振剛老師的大力協助。在此一併表示衷心的感謝！

劉淑慧

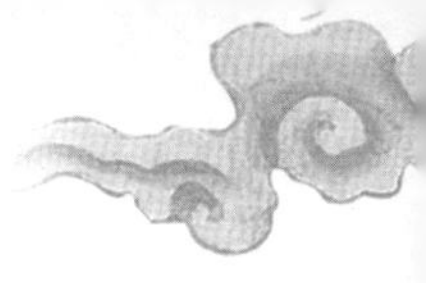

目　錄

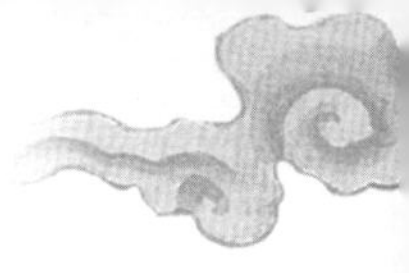

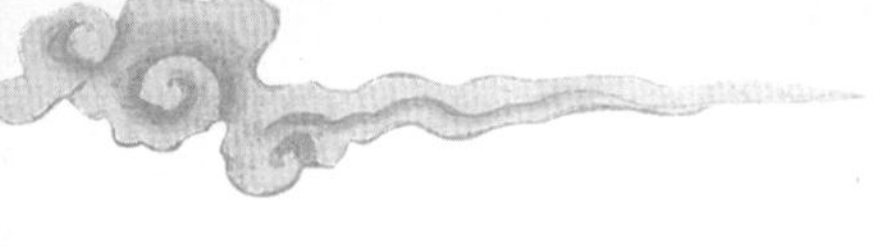

本書圖例

〔步法方位示意圖〕

左足著地

右足著地

左足掌著地（虛步）

右足掌著地（虛步）

足跟著地

○ 提腿懸足或勾腳尖向前踢起

▲ 丁步，足尖著地，尖頭表示足尖方向

△ 收腳不著地，尖頭表示足尖方向

擺腳、扣腳

〔照 片〕

左足或左手移動路線

右足或右手移動路線

一、陳式太極拳36式套路的結構特點

陳式太極拳36式套路，是在陳發科先生傳授的陳式太極拳第一路基礎上簡化而成的。原套路共83個動作，45個拳式。簡化後僅36個動作，33個拳式，減少了重複的、運動特點不明顯的動作。保留了傳統陳式太極拳的主要動作和動作順序。

可以說，陳式太極拳36式無論在動作風格特點上，還是在套路結構編排上，都較好地保留了陳式太極拳的傳統性如：原套路中的「三換掌」動作，簡化後改為一次換掌，作為雙推手和肘底捶的銜接過程，不以定勢來論。又如：原套路中不少發勁動作的形式雖有差異，但勁路相同；因而簡化後的套路僅僅只用了「掩手肱捶」這一具有代表性的發勁動作。

陳式太極拳36式在動作編排上，遵循了由易到難的原則，多為左右對稱動作，以求平衡發展、全面鍛鍊。在整個套路中共分四段。

第一段為十動，由上肢運動為主的基本動作組成。

第二段為六動，以步法的轉換、上肢的伸展和捲放動作為主。

第三段為十動，安排了左右擦腳、蹬一根及披身捶、背折靠、青龍出水等動作，在運動難度、品質、節奏等方面處於套路的高潮。

第四段為十動，在身體起伏轉折的同時又安排了雙震腳、跳躍及拍腳動作。運動速度快慢相間，富於韻律感。

在動作的編排中，還照顧到拳式的左右對稱，一些典型動作，如「單鞭」「六封四閉」「金剛搗碓」等，在右勢的基礎上增加了對稱的左勢，以使身體得到平衡、全面的發展。

整套動作注意了動作對稱、不重複；段落中心內容突出，由簡到繁，易學易記。

二、陳式太極拳36式套路的技術特點

陳式太極拳36式套路，在整個套路練習過程中，其技術上有以下特點：

1. 動作纏繞，曲折連貫

整套動作都是以纏絲勁法和鬆活彈抖的發力，螺旋式、抽絲式的運動為核心的由內及外的圓弧運動，外形主要表現為：上肢在空間做不同大小、不同形式的圓弧運動，同時上肢自身還要做螺旋式進退動作（如雲手動作兩臂在體前交互向外纏繞的同時，本身還要做內、外旋的轉動）。

上肢在做圓弧纏繞運動的同時，全身上下都在和諧地進行著圓弧動作的配合。加上動作往返之間有「折疊」手法，所以使得動作更加圓滑曲折。

在整套太極拳各動作之間的銜接處，不可有明顯的停頓。一些技術手法，如「續換」「折疊」等，是一種勁力的頓挫變換和動作銜接方式，而不是動作的停頓、斷續。動作速度快慢相間，勢斷意連。

套路中有一些發勁動作，如「掩手肱捶」，在蓄發之後也不應停頓，而應借發勁反彈之勢，鬆柔地銜接下一動作。這樣剛柔相濟，由柔漸剛，剛柔並重，充分地體現了這個拳種有節奏的連續運動的特徵，不違背太極拳運動連綿不斷、節節貫穿的技術原則。

2. 腰爲主宰，以身帶臂

腰是身體和下肢轉動的關鍵，對全身動作的變化，對調整重心的穩定，以及對動作上的發力，腰都起著主要的作用。太極拳的內勁運轉，是透過腰脊來帶動的，腰力運用得當，可加強發力、提高發力速度，從用力順序來講，做上肢動作時，力要起於腰，行於肩，通於臂，達於手；做下肢動作時，立足以跟腰催動胯，行於膝，達於腳，以腰為軸，帶動全身九大關節運動。俗語說：「掌腕肘和肩，背腰胯膝腳，周身九節勁，節節腰中發。」

太極拳的虛實變換，關鍵在於腰側肌的收縮。左腰側肌收縮時，左腰側肌和左腿為實，右腰側肌和右腿為虛。反之亦同。

以身帶臂，在動作中體現的是：腰胯領先，帶動兩臂做極為纏綿曲折的進退、屈伸等各種圓弧運動。如在起勢動作中，身體向左前和右後來回擺動，帶動兩臂，兩手做由小到大的圓弧運動。然後在接做「金剛搗碓」動作時，左腳向左前方擦出後，腰胯領先，使身體向前移動，帶動兩臂弧形運轉，向前做右虛步撩掌，然後完成「金剛搗碓」動作。

寥寥幾動，處處都體現出腰為主宰的運動特點。

3. 對稱協調，圓滿靈活

在演練陳式太極拳的全部過程中，都要具有「意欲向上，必先寓下；意欲向左，必先向右；前去動作，必有後撐；對拉拔長，曲中求直」的動作意向。這樣，就可使身體不偏不倚，身形端正安舒、開中有合、合中有開。動作

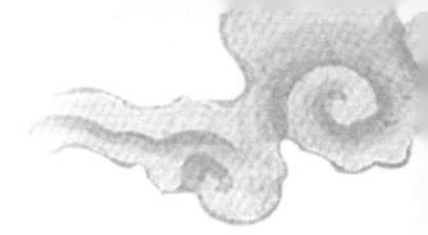

氣勢飽滿，周身體現出似展未展、欲發未發的一種內涵力。

由於重心的虛實，手法的「折疊」，步法的進退等柔和、協調的轉換；使得動作之間的銜接愈發顯得輕靈、圓活。

4. 剛柔相濟，快慢相間

在動作的剛柔，速度的快慢、勁力的蓄發等矛盾的鮮明對比下，每個段落，每個動作中都體現出較強的節奏感。如在「掩手肱捶」動作中，蓄勁時柔緩捲收和出拳發力時的迅速所形成的節奏變化，正如俗語「蓄勁如張弓，發勁似射箭」所形容的那樣。

套路中的每個「動作組合」，也是由剛柔相濟、快慢相間的動作相襯托構成的。如第三段中的「披身捶」「背折靠」「青龍出水」這一動作組合所形成的節奏對比就較為明顯。悠遊緩慢的「披身捶」與柔中寓剛的「背折靠」相接；再由輕靈柔和到突轉快速發力的「青龍出水」等動作都體現出剛柔相濟、快慢相間的特點。

5. 動作清楚，擊法明確

陳式太極拳三十六式中每個動作的用法都比較明確，手、眼、身法、步、腿各部分在協調變化過程中，都具有攻防含義，所以只要在意念引導下，有的比較複雜的動作也容易掌握。如在「右擦腳」動作中，含有捋、掤、搬、拿、穿肘、踢襠、擊面的連續擊法，這樣動作皆有技擊方法，路線清晰，力點準確，意識引導，有的放矢，增加了

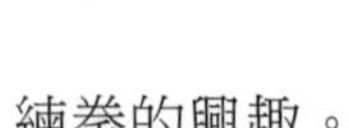

練拳的興趣。

6. 呼吸與動作配合自然

學練太極拳要用腹式呼吸，要求深、長、細、勻、緩。初練時呼吸要順其自然，不要故意做作；到熟練時呼吸與動作應協調配合，但也是在自然呼吸的基礎上，順其動作的開合、虛實來進行的。

呼吸的一般規律是：蓄、收、起、屈為吸：發、放、落、伸為呼。如在做「掩手肱捶」的過程中，周身蓄勁時應吸氣，出拳發放時應呼氣。

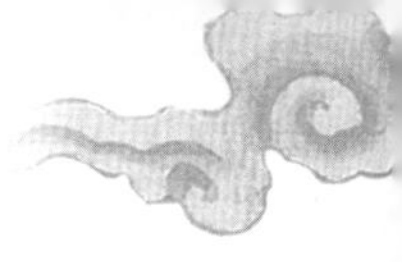

三、分解教學陳式太極拳36式套路的三個階段

根據由易到難、由淺入深、循序漸進的原則，陳式太極拳36式套路技術教學可分三個階段，也稱三步學習法。

第一階段　是粗略形成的技術階段。也就是練習技術的「泛化」階段，看你學習陳式太極拳的技術「會不會」。

俗話說：「像不像三分樣。」對於初學者來說，練習陳式太極拳36式套路應先從基礎開始，進行基本功、基本方法和基本動作的教學，使學員端正身體姿勢，具備和提高專項身體素質，掌握基本運動方法以及典型動作，為套路教學打好基礎。這是最主要的教學階段，也是入門確立該拳技術風格的階段。

陳式太極拳36式，每個完整動作一般均包含有一定的路線、方位、相對靜止的架式結構、發力特點、意識及抑揚頓挫等要素。要使學員學會動作和套路，就必須由一定的教學步驟，一步一步地掌握動作的完整性。

首先，學習陳式太極拳基本功中的太極拳樁功；其次學習陳式太極拳的基本手型、步型、步法和腿法；第三，學習太極拳中的基本動作，包括發力與不發力的組合動作。這樣一步一步地循序漸進地過渡到套路中學習。

一開始，練習動作會表現出不協調、吃力、缺乏自控力，並伴隨著較多的拙力；動作品質很低，在精確性、連貫性和穩定性上都很差，只能粗略掌握動作的主要過程。

所以，作為教學者，應瞭解學員的基本情況，多採用講解法、示範法、分解教學法、完整法和重複訓練法，使學員明白動作的方向、路線、曲折迂迴及來龍去脈，對上肢動作變化要重點解決，下肢的步型步法可高一些，不必太低、太工整。同時，在此階段要注意培養學員的信心和意志力，尤其對於那些經過努力還是學不會的學員，要耐心細緻地引導，還要注意發現其錯誤之處，並及早預防和糾正，從而將錯誤動作消滅在萌芽狀態。

第二階段　是在第一階段的基礎上改進提高的技術階段。也就是練習技術的「分化」階段，看你學習的技術「對不對」。

這個階段的特點是大腦皮質興奮過程與抑制過程處於分化階段，興奮相對集中，由抑制逐步發展，逐步克服了動作不協調的現象，多餘動作得到了很大程度的消除，並能在有利的條件下比較輕鬆地完成套路動作。但是，由於動力定型動作還不鞏固，技術上還存在一些缺陷，甚至還會出現已經掌握的動作有時完不成。所以，此階段的主要任務是建立套路動作表象，消除多餘動作，提高動作品質，以基本達到技術規範和要求。

在教學上，教學者主要採用重複訓練法、口令法、變換訓練法和完整教學法。分解教學只用於個別技術環節上，往往在作為糾正錯誤動作時運用，在多次重複、變換的訓練中，徹底糾正學員某些錯誤動作，讓學員掌握整個動作姿勢和步型的準確。在動作分解教學過程中，還要求做到手、眼、身法、步的變換部位的準確。同時，在此階段應注意培養學員對技術精益求精的態度，要幫助其克服

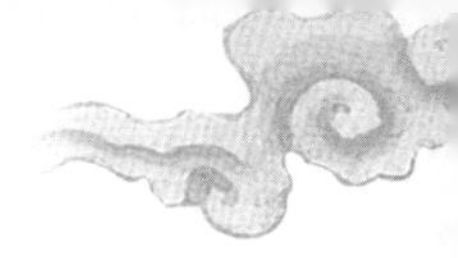

「差不多」的思想，加強其動作的連貫性、準確性、協調性、靈活性，真正地將套路中的每個動作學好。進行完整套路動作口令指示分解教學，使學員學會套路動作，並且能比較熟練地掌握套路動作，重點掌握套路動作的規格。根據套路結構內容做到勢勢連貫，動作協調圓滑。

所以，教學是要掌握動作的姿勢、步型的準確和工整。這一步的主要任務是：使學員在已經弄清動作方位路線的基礎上，透過老師的示範領做和細緻講解，按規格要求進一步掌握動作姿勢、步型，不僅是要求整個動作完成後的姿勢、步型的準確和工整，同時還要求在動作分解活動過程中手法和眼法以及步法、身法的變換部位的準確和工整。

第三階段　進一步鞏固和提高套路動作練習的技巧。是鞏固運用技術階段。也就是學習技術的定型階段，看你學習的技術「好不好」。

這個階段的特點主要是大腦皮質興奮過程高度集中，內抑制加強。動作表現為準確、自然，在熟練的基礎上，表現出陳式太極拳的運動特點，形成了固定的技術動力定型，並努力達到了自動化程度。學員能在各種條件下較好地完成技術動作，不受外界干擾，有時甚至還會超水準地完成技術動作。

在教學上，要針對學員的具體情況，多運用重複訓練法、變換訓練法、適當的比賽法，進一步提高學員的技術精確性，側重點在技術的細節上，使其演練套路的技術動作進一步鞏固和提高，以達到自動化的目的。同時，在此階段應注意防止學員們有「驕傲」情緒，在學員動作正確的基礎上，幫助其追求動作的精神、力氣和功法，以全面提高其身體素質，特別是腿部力量。整個身體應協調，真正達到「好」的標準，順利地過渡到比賽階段。

在套路熟練的基礎上，不斷提高剛柔、虛實、快慢、蓄發等抑揚頓挫的節律感。著重「勁兒」的運用，做到意念呼吸、動作協調配合，達到意、氣、力內外合一，使陳式風格的太極拳運動特點更加突出。

在這一階段要做到理論指導基礎練習（基本功、基本方法、基本動作）和套路動作練習結為一體，才能達到「內氣潛轉趣意濃」的境界。

所以，第三階段的教學，要使動作連貫完整，使分解的動作連貫起來。這一步的任務是：使學員掌握動作的完整性。老師的示範、領做必須要正確、連貫、完整，按正確速度進行。這一步不但要把分解的動作連貫起來完整地練，而且要「勁力」運用順達合理。分析動作的勁力、節奏、精神、眼法等技巧。

陳式太極拳36式的技術動作具有剛柔、快慢、蓄發、抑揚頓挫等節奏變換顯著的特點。所以這一階段的主要任務是：使學員瞭解陳式太極拳36式中每個動作各個環節的技術要求，以及在意念支配下呼吸與動作的協調配合。老師還要向學生分析動作的攻防含義，使學員逐步達到內外合一、神形兼備的要求。

以上三個階段，是一步一步進行但又不是截然分開，而是緊密連貫的。由於學員身體條件、理解能力各有差異，各步驟所需時間的長短也各不相同，教師要根據情況，採取不同措施縮短各步驟的時間，使動作儘快達到神形兼備之目的。

教學陳式太極拳36式套路的方法，多採用口令式教學

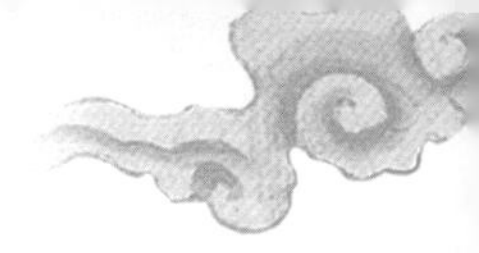

和提示分解教學。這是因為，陳式太極拳36式動作結構複雜，完成一個動作，在運動過程中，手、眼、身法、步的配合及方向路線的變化，曲折迂迴。比如單鞭、攬紮衣等動作。因此，用完整教法是比較困難的。為了更清楚地瞭解動作細節，以達到更快更好地掌握完整動作的目的，陳式太極拳36式多採用口令式教學和提示分解教學，效果尤為突出。

動作分解的具體運用包括：

①上、下肢的分解，如陳式太極拳中的「單鞭」，可先學上肢動作，再學下肢動作，然後上、下肢協調配合，形成完整動作；

②將一個完整動作分成若干分動作進行教學，在掌握了每個分動作之後，再連貫起來完整練習。

陳式太極拳36式，按上述分解的原則，基本上每個動作可分成四拍，但有的動作與動作之間連貫性很強，像「雲手」接「高探馬」、「上步七星」接「退步跨虎」，兩個動作連起來按八拍進行教學。

分解教學不宜將動作分解得過細，應儘快向完整動作過渡，分解教法和完整教法要有機地結合起來運用，一般可採用完整—分解—再完整教學的步驟來進行。

關於動作剛柔、快慢的節奏處理：剛與柔，快與慢都是矛盾的兩個方面。在陳式太極拳36式動作中，矛盾的雙方對比、襯托都很鮮明，特點也很突出。處理剛柔、快慢的原則是：

①凡是發勁動作應剛、應快，發力後緊接著要柔、要慢；

②凡折疊、纏繞手法變換應稍快；

③凡身體方向變換時應稍快。

四、陳式太極拳36式套路的基本方法

(一)太極拳樁功練習

1. 無極樁

兩腳併攏，身體自然直立，肩臂鬆垂，兩手輕貼兩腿外側，頭頸正直。雙目平視前方。見圖1。

圖1

【動作要點】要求虛領頂勁、胸背舒展，斂臀收腹，呼吸自然。練此樁功，時間可長可短，主要起到套路動作預備式的作用。

【注意事項】練習時可輕閉雙目，先用意念調整身體姿勢，做到：頭正，頸直，肩沉，下頦微收，腰臂放鬆，兩腿微屈，斂臀收腹，用鼻自然呼吸，呼吸儘量做到深、長、緩、勻。

2. 太極樁

兩腳平行站立，與肩同寬。兩腳尖距離與兩腳跟距離相等，兩膝微屈；兩掌同時環抱於胸前，兩腕間距約與肩同寬，掌心均向內，兩掌指尖相對。目視前方。見圖2。

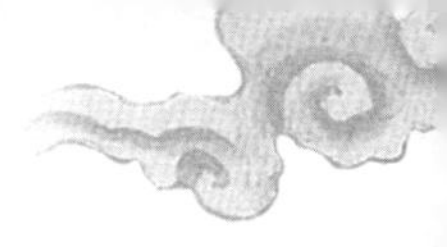

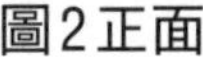

圖2正面

圖2側面

【動作要點】兩腳平立，立穩重心，與兩掌環抱要注意沉肩、垂肘。站樁時，需掌握以下幾個主要技術要領：

（1）虛領頂勁：即頭部端正，頸部直立放鬆，下頦微內收，口輕閉，齒輕合，舌頂上腭。面部自然放鬆，展眉，意念上頂（只可用意，不可用力）。

（2）鬆肩垂肘：又叫「沉肩垂肘」，即兩肩始終保持放鬆下沉，不可聳肩、僵肩；兩肘始終保持下垂，無論做什麼動作，都不可把肘部翹起來。

（3）含胸拔背：即兩肩向內微合，使胸部舒暢，且有內含之感；同時背部向上鬆伸挺拔，不可弓背，猶如頭懸樑之感。

（4）尾閭中正：即上至頭部、下至臀部要垂直中正，不可凸臀、挺胸，故有體如「旗杆」之稱；頭頂上的百會穴與襠下的會陰穴以及兩腳心的湧泉穴的連線中點要上下垂直相對；周身要鬆柔輕靈，不可強直僵硬。

（5）氣沉丹田：又稱意守丹田。肚臍下約5公分的位置稱為下丹田，又叫氣海。在練功時，注意臀、胯部前收，將小腹微微向上托起，加之胸肌、腹肌放鬆，隨著橫膈膜下沉，會使人感覺到小腹明顯有充實之感。

【注意事項】以上5條主要技術要領，不僅在練太極樁功時要掌握，在練習太極拳套路時也要認真掌握。

(二)手　型

1. 拳　型

四指併攏，向內捲屈於手心處，拇指屈壓於中指和食指的第二關節上。拳面要平，成四方拳，注意既不可用力握拳，也不可使拳中留有空洞。打拳時，手腕也要平，拳有拳心、拳背、拳眼和拳面。分為平拳和立拳。

（1）平拳：拳型不變，拳心向下。見圖3。

（2）立拳：拳型不變，拳眼向上。見圖4。

【動作要點】練習時可隨時做握拳練習，以達到自然、靈活、準確的要求。

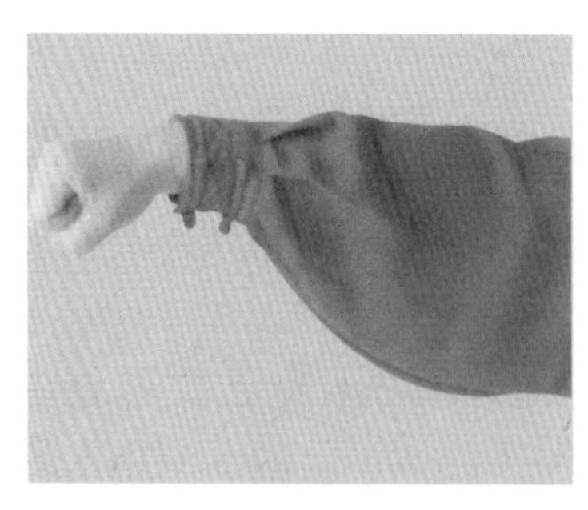

圖3

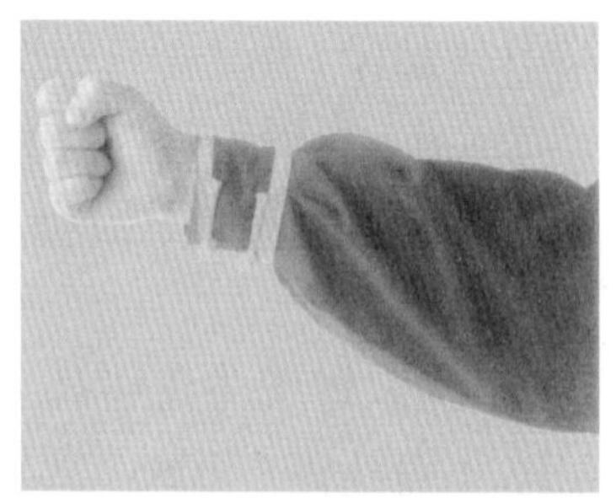

圖4

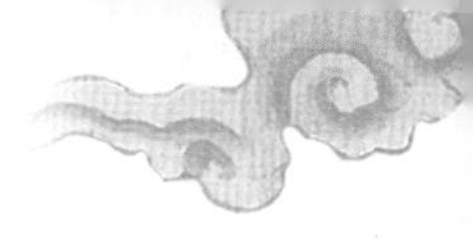

2. 掌型（瓦壟掌）

手指自然伸直，拇指與小指根微內合，食指外張，虎口處夾緊，拇指端外仰。

掌型有立掌、仰掌、俯掌和橫掌之分。

（1）立掌：坐腕，指尖向上，手指自然伸展，小指根部和拇指根部微內合，虎口處夾緊，拇指稍外仰。見圖5。

（2）仰掌：指型不變，掌心向上或掌心斜向上。見圖6。

（3）俯掌：指型不變，掌心向下。見圖7。

（4）橫掌：指型不變，小指側向外。見圖8。

一左一右兩掌輪換伸掌來練習變化掌型，或兩掌同時

圖5

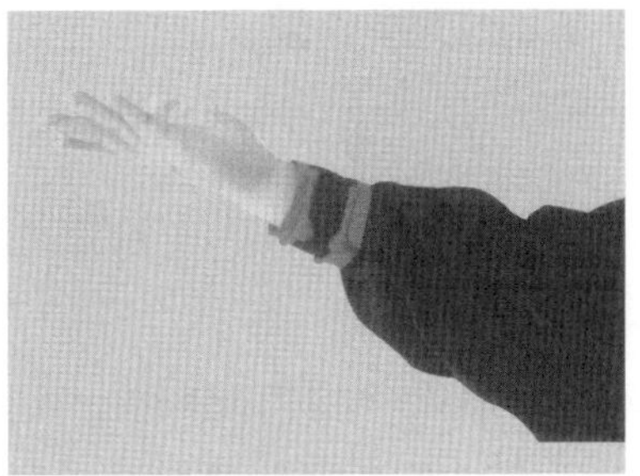

圖6

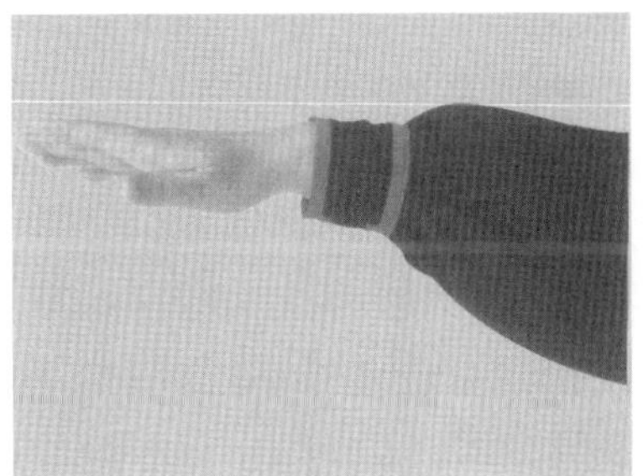

圖7

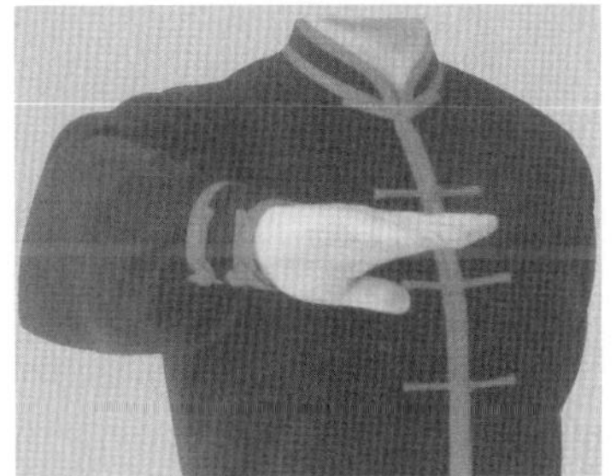

圖8

練習。也可以配合太極樁功練習各種掌型。

3. 勾　手

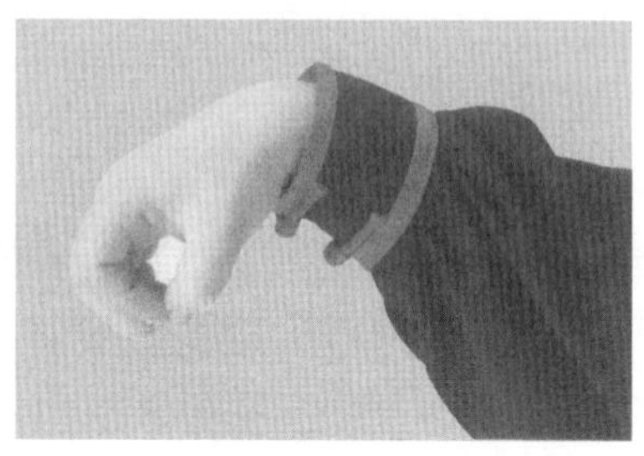

圖9

拇指、食指和中指三指指尖捏攏，其餘指自然向內屈於掌心，虎口撐圓，腕微屈。見圖9。

【注意事項】勾手時不可用拙力，要舒鬆自然。

可利用空餘時間多做勾手練習，練習時可配合太極樁功。

(三)步　型

1. 弓　步

兩腳前後站立。左前腿屈膝，膝尖不得超過腳尖；右後腿伸直微屈，腳尖斜向前方約45°，重心偏於左前腿。右勢同左勢，但方向相反。見圖10。

【注意事項】練習時可跟隨口令左、右勢交替練習。也可結合手法動作配合左、右弓步練習，如左、右斜行拗步練習。

2. 馬　步

兩腳平行開立，相距約三腳寬；兩腿屈膝下蹲，大腿稍高於水平；沉胯斂臀；身體正直；重心偏右為右偏馬步，重心偏左為左偏馬步。見圖11。

【注意事項】練習時可跟隨口令左、右勢交替練習。

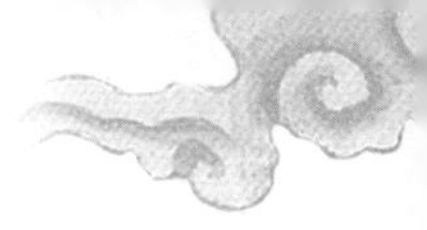

圖10

圖11

也可結合手法動作配合左偏馬步、右偏馬步練習，如左、右攬紮衣練習。

圖12

3. 虛　步

（1）兩腿均屈膝，兩腳跟之間的縱向、橫向距離均為5公分左右。前腳踏實支撐體重；後腳前腳掌虛著地面，後腳跟離地。見圖12。

【注意事項】練習時可跟隨口令左、右虛步交替練習。也可結合手法動作配合左、右虛步練習，如左、右白鶴亮翅練習。

（2）右虛步：左腿支撐弓膝塌勁；右腳向前，腳尖著地，腳跟抬起，成右前虛步。左虛步同右虛步，但方向

圖13

圖14

相反。見圖13。

【注意事項】練習時可隨口令左、右虛步交替練習，也可結合手法動作配合左、右虛步練習，如左、右虛步撩掌練習。

4. 仆　步

右仆步：左腿弓膝塌勁，身體重心在左腿；右腿伸直下仆，右腳全腳掌著地，成右仆步。見圖14。左仆步同右仆步，但方向相反。

【注意事項】練習時可隨口令左、右仆步交替練習，也可結合手法動作配合左、右仆步練習，如雀地龍練習。

5. 歇步（盤步）

右歇步：提起右腳向前上步，落於左腳的左前側，腳

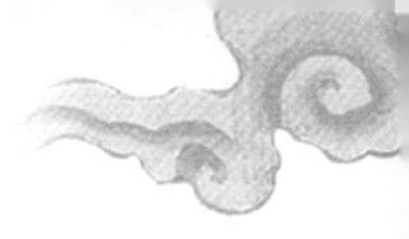

尖外擺；左腳跟抬起，隨之兩腿屈膝下蹲成右歇步（右盤步）。左歇步同右歇步，但方向相反。見圖15。

【注意事項】練習時可隨口令左、右歇步交替練習，也可結合手法動作配合左、右歇步練習，如歇步蓋掌練習。

圖15

(四)步　法

1. 進　步

兩手半握拳，拳背貼於腰間，見圖16。右腳以腳跟為軸，腳尖外擺，身體右轉，隨之弓膝塌勁，身體重心移至右腿，提起左腳，見圖17。以腳跟內側貼地，向

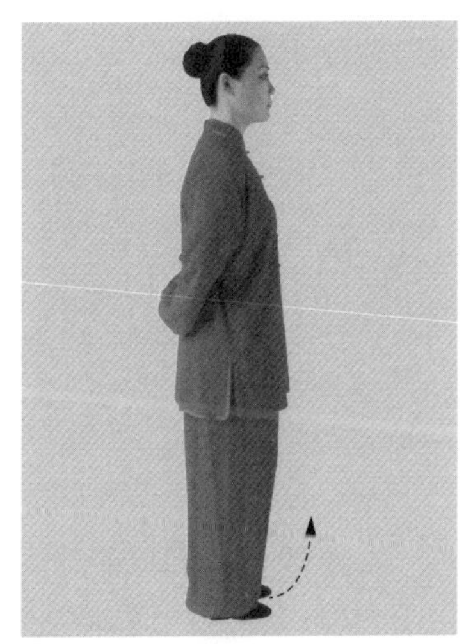

圖16

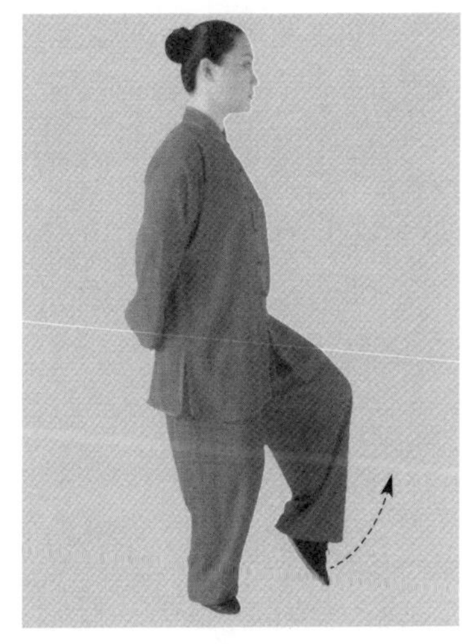

圖17

圖18

圖19

左前方擦出，腳跟著地，腳尖翹起，見圖18。接著，腳尖落地，向前弓膝塌勁，成左弓步，見圖19。右腿進步同左腿進步，但方向相反。

【注意事項】練習時可採用自然呼吸法。也可以抬腳時用吸氣，落腳踏實為呼氣。

進步練習時，注意防止身體重心忽高忽低。可在頭頂放一本書練習，以保持身體重心的平穩。

練習之後應還原成開始動作（圖16）。可結合退步一起練習。

2. 退　步

兩手半握拳，拳背貼於腰間，見圖16。身體重心移至左腿，提起右腳跟，見圖20。接著右腳經左腳內側向右斜後方撤步，見圖21。隨之弓膝塌勁，左腳尖向內扣轉成三

圖20

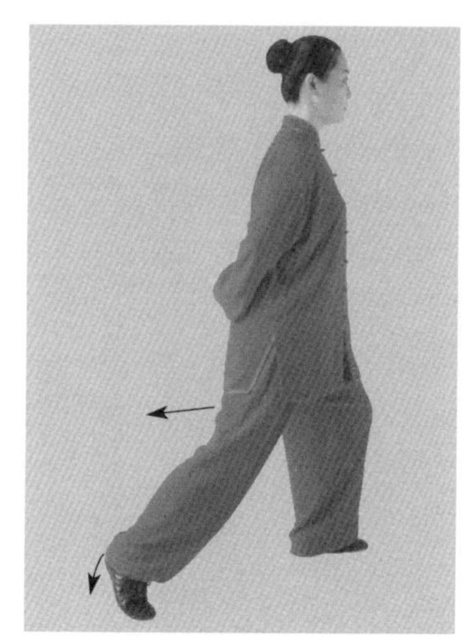

圖21

體式（即手與足合，肘與膝合，肩與胯合）完成，見圖22。左腿退步同右腿退步，但方向相反。

圖22

【注意事項】練習提腳時採用吸氣，練習落腳尖時採用呼氣。

退步練習時，注意防止身體重心忽高忽低。可在頭頂放一本書練習，以保持身體重心的平穩。

練習之後還原成開始動作（圖16）。可結合進步一起練習，還可結合手法練習，如倒捲肱練習。

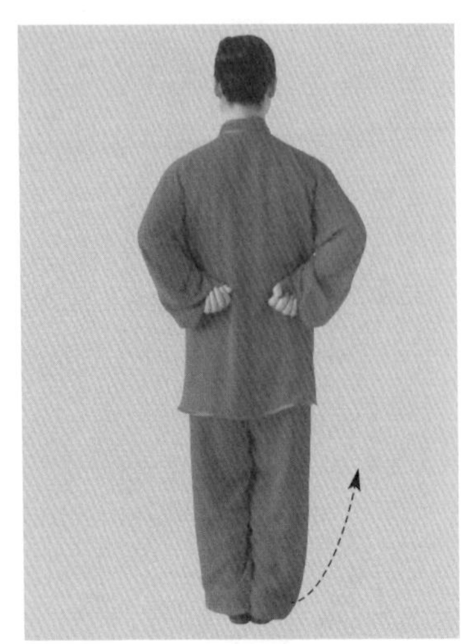

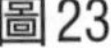

圖23

圖24

3. 擦　步

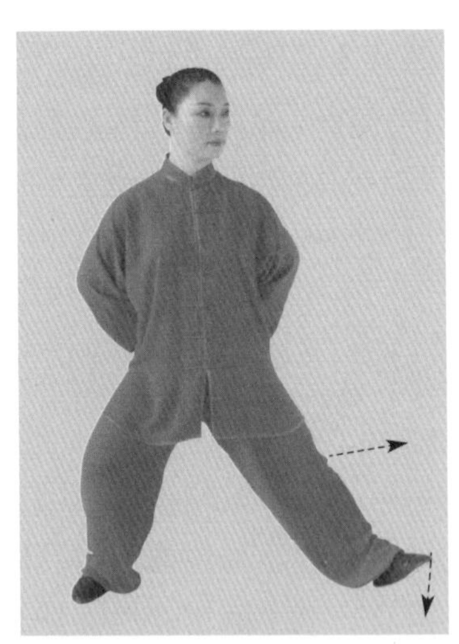

圖25

兩手半握拳，拳背貼於腰間，見圖23。身體重心移至右腿並屈膝下蹲，同時左腳提起於右踝內側，腳尖翹起，離地面約10公分，目視前方，見圖24。右腿繼續屈膝下蹲，左腳尖翹起，以腳跟內側輕貼地面向左擦步至右腳約三腳距離，腳尖向前上方，見圖25。左腳內扣，全腳著地，重心緩緩移至左腿，目視前方，見圖26。右腳前掌內側輕貼地面慢慢提至左踝內側，腳尖翹起，離地面約10公分，見圖27。右

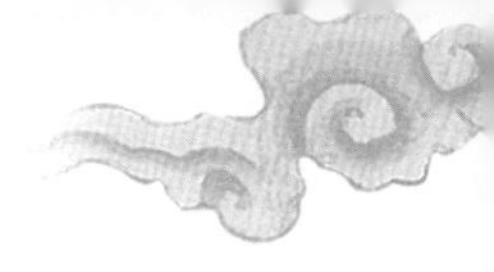

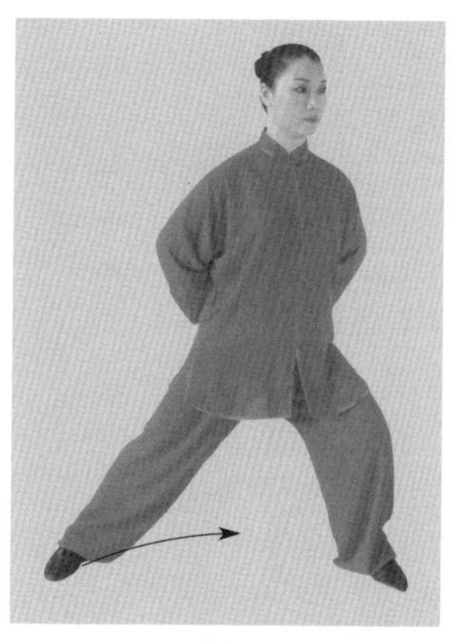

圖26

圖27

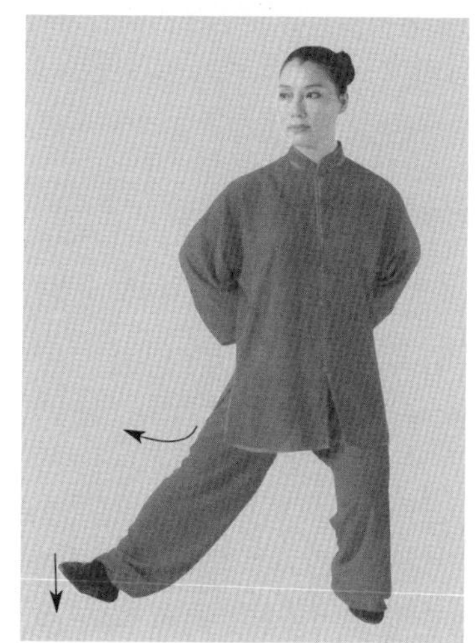

圖28

圖29

擦步（圖28、圖29）同左擦步，但方向相反。

【注意事項】練習提腳時採用吸氣，向下擦步時採用呼氣。

練習之後還原成開始動作（圖23）。可結合手法動作

圖30

圖31

練習，如前蹚練習。

4. 交叉步

預備式併步站立，見圖1。身體重心右轉大約45°，右腿繼續下蹲，左腳向左開步，同時兩掌向右前方推出，目視右前方，見圖30。接著，身體左轉大約45°，重心移至左腿，屈膝稍蹲，隨之右腳向左後方插步，腳前掌著地；同時左掌內旋向上、向左畫弧於左胸前，掌心向外，指尖向右上方，見圖31。接著左腳向左開步，同時兩掌向左前方推出，目視左前方，見圖32。然後接著上勢左腳向右後方插步，腳前掌著地，同時右掌內旋向上、向左畫弧於右胸前，掌心向外，指尖向左上方，見圖33。

【注意事項】練習時應注意步法的轉換節奏，要協調。重心轉動角度大約為45°。可結合雲手動作左右交替

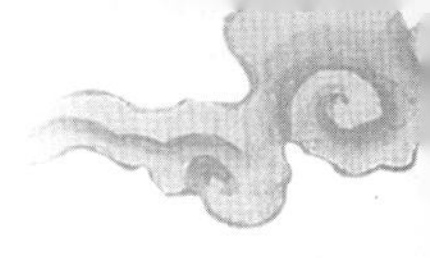

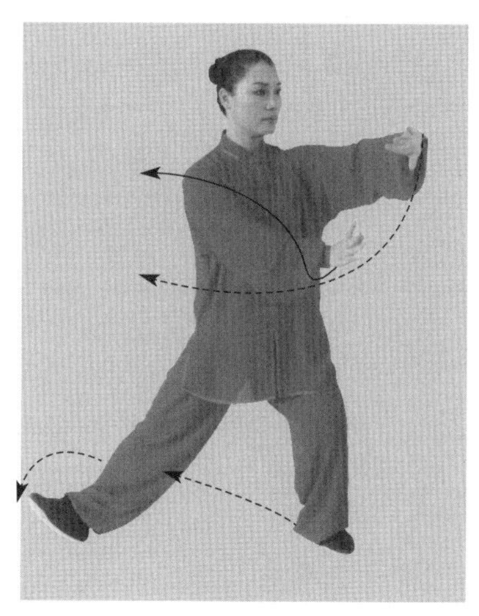

圖32

圖33

反覆練習。

(五)腿　法

1. 單震腳(右金剛搗碓)

圖34

（1）提膝舉拳：身體重心緩緩移至左腿並屈蹲，左臂微屈，左手屈腕外旋手心翻向上，置於腹前；同時右腿屈膝提起，膝同腹高，腳尖上翹，右臂屈肘，右手握拳外旋舉至胸前約10公分處，拳心斜向上；身體正直。目視右拳。見圖34。

（2）震腳砸拳：接上勢，右腳下落，輕輕踏地，右腿屈蹲，兩腳距離同肩寬，重心移於兩腳之間；同時右拳

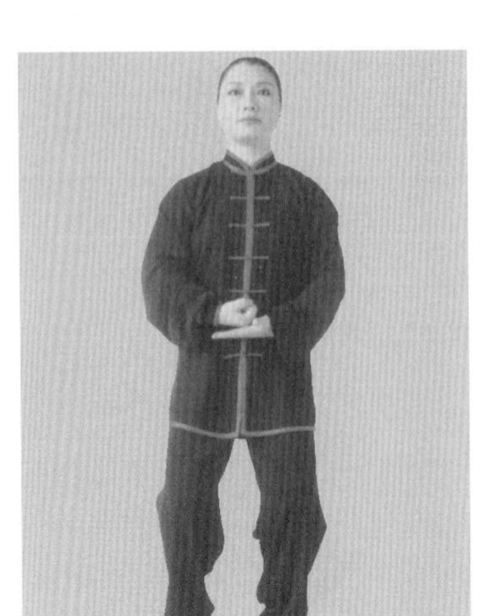

圖35

圖36

砸落於左掌上，拳心向上稍斜向裏，目視前方。見圖35。左金剛搗碓同右金剛搗碓，但方向相反。

【注意事項】練習提膝舉拳時採用吸氣，練習震腳砸拳時採用呼氣。

注意震腳砸拳要同時完成。隨砸拳氣向下沉於丹田，還要注意兩腳虛實要分明，保持身體中正。

練習時可跟隨口令提示做提膝舉拳（吸氣）、震腳砸拳（呼氣）動作。左、右交替練習。

2. 雙震腳

（1）屈蹲按掌：身體重心移向左腿並屈膝，右腳稍後撤，腳尖點地成虛步；同時，身體微右轉，兩掌內旋下按，稍低於胸。目視右手。見圖36。

（2）跳提膝托掌：右腿屈膝上擺，左腳蹬地跳起，

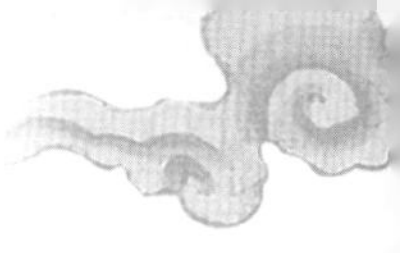

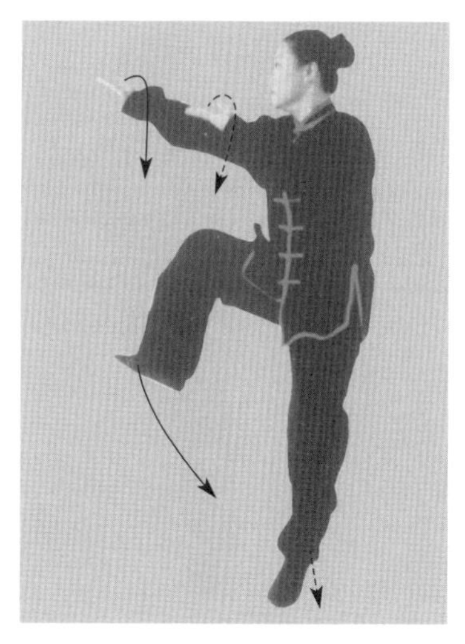

圖37

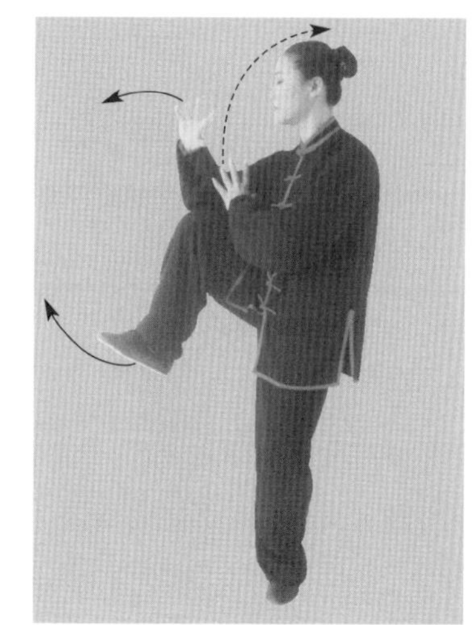

圖38

兩掌同時外旋裹勁上托於胸前，右腕稍高於肩，左手在右肘內側。見圖37。接著左腳、右腳依次下落，同時兩手內旋下按於胸前，還原成右手在前、左手在右肘內側姿勢。掌心均向下，目視右手。見圖36。

【注意事項】練習屈蹲按掌時採用呼氣，練習跳提膝托掌時採用吸氣。兩手臂內裹上托與擺腿蹬地應協調一致，將身體一躍而起，然後兩腳依次下落，後腿輕落，前腿重落。

注意虛實分明。練習時可左、右雙震腳依次交替練習。

3. 右蹬腳

重心全部移至左腿，右腿屈膝，右腳提起；兩手收於腹前立掌。見圖38。接著右腿由屈到伸，右腳尖翹起，以腳跟為力點，向右前方快速蹬出，腿要直，腳要過腰，然後借反彈力使腿屈膝。右手立掌向右前推出，臂微屈，腕

圖39

圖40

與肩同高；左手架於頭左上方，手心斜向上，左臂微屈。目視右手。見圖39。左蹬腳同右蹬腳，但方向相反。

【注意事項】蹬腿和架推掌要快速發力，同時完成，身體要正直、站穩。動作上下配合要一致。

練習收腳時採用吸氣，練習蹬腳時採用呼氣。練習時可左、右蹬腳交替練習。

4. 右拍腳

身體重心全部在左腿，右腿屈膝，右腳提起；兩手收抱於胸前，兩掌心斜向上。見圖40。接著，右腳向前上方彈起，腿伸直，腳尖繃平；與此同時，兩臂分展下落，右手向前迎拍腳面，左手下落與肩同高，掌心向右、掌指向上。目視右手。見圖41。左拍腳同右拍腳，但方向相反。

【注意事項】兩手分展與左腳向前彈踢要同時進行。

圖41

圖42

右手拍擊右腳面要快速、準確。

練習提膝捧臂時採用吸氣，練習拍腳時採用呼氣。

練習時，可跟隨口令左、右拍腳交替練習。

圖43

5. 右外擺蓮

身體重心全部在左腳，右腿屈膝，右腳提起；兩手收於右前方，兩掌心斜向下；目視右手。見圖42。接著右腿由屈到伸向左、向上、向右弧形擺起，擺至胸高時左手、右手依次向左去拍右腳面。目視右手。見圖43。左外擺蓮同

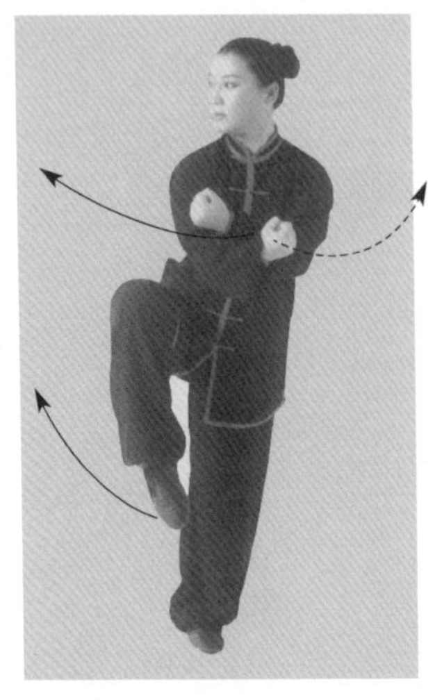

圖44

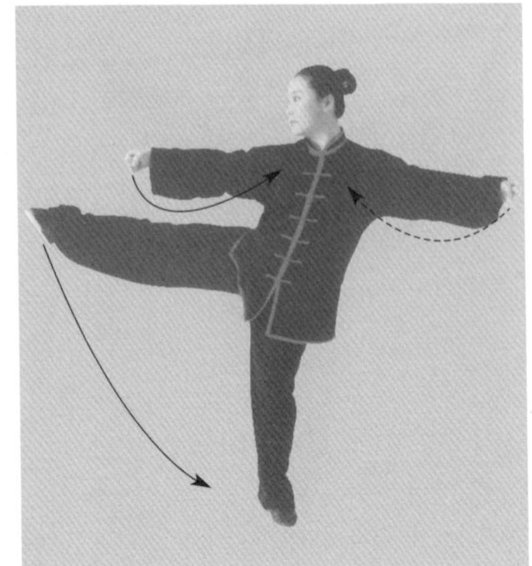

圖45

右外擺蓮，但方向相反。

【注意事項】練習提膝擺掌時採用吸氣，練習依次拍腳時採用呼氣。

整套動作要連貫完成。在擺腿之前，左腿要屈膝合胯，轉腰鬆腕；拍腳要迅速、準確。

練習時，可跟隨口令左、右外擺蓮交替練習。

6. 右蹬一根（右側踹腳）

身體重心全部移至左腿，右腿提膝，雙手握拳在體前環抱於胸腹前交叉，右拳在外，拳眼均向前。見圖44。接著右腿由屈到伸，腳尖內扣以腳掌外側為力點，向右上踹出，腳與腰同高，同時兩臂分別向上方展臂撩拳，拳與肩平，拳心斜向下。目視右拳。見圖45。左蹬一根（左側踹腳）同右蹬一根，但方向相反。

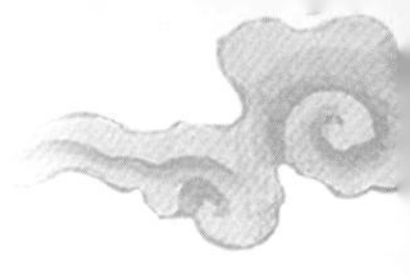

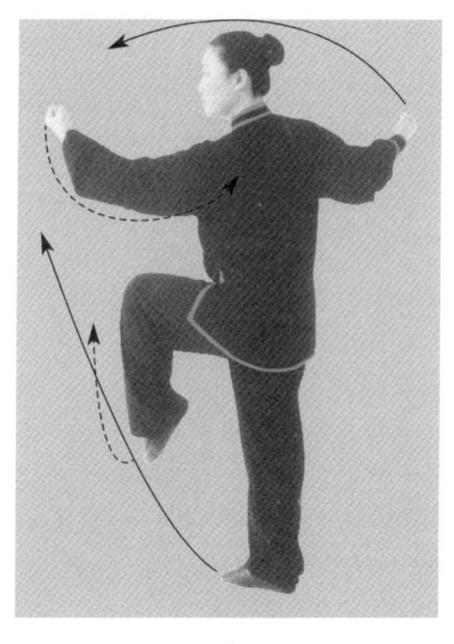
圖46

圖47

【注意事項】右腳側踹與兩臂分展協調一致。要快速發力，右腳踹出後，借反彈力，右腿微屈。

練習提膝抱拳時採用吸氣，練習分拳側踹時採用呼氣。

練習時可跟隨口令左、右側踹腳交替練習。

7. 右二起腳

身體重心全部移至右腿，左腿屈膝上擺提起，左拳向上、向前、向下畫弧於肩左前方。見圖46。隨即右腳踏地，身體向上騰起，右腿在空中由屈到伸向前上踢擺，腳到胸高時，右拳變掌拍右腳面；左拳也變掌向下，向左畫弧上舉同肩高，掌心向下。目視右手。見圖47。左二起腳同右二起腳，但方向相反。

【注意事項】上步擺臂要協調、連貫，拍腳要準確，蹬地、提膝、拍腳也要連貫。

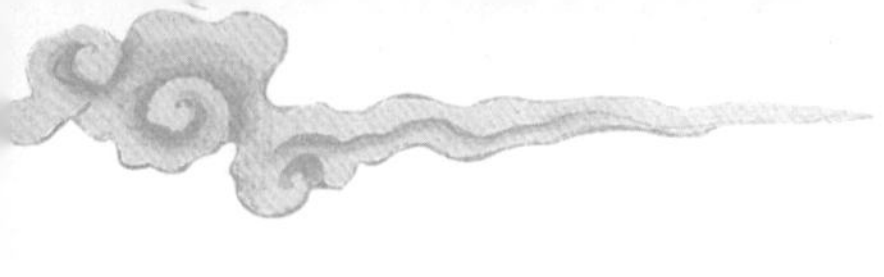

圖48

圖49

練習提膝向上時採用吸氣，練習拍腳後落地時採用呼氣。

練習時可原地跟隨口令左、右二起腳交替練習。

(六)基本動作(手法)訓練

1. 起　勢

(1) 兩腳併攏站立，兩手自然下垂，輕貼兩腿外側，下頦微內收，頭頸中正，兩肩鬆沉，胸腹舒暢，意識集中，呼吸自然。目視前方。見圖48。

(2) 接上勢，身體重心右移，左腳離地向左側橫開步，兩腳間距離與肩同寬，兩腳尖向正前方；兩手自然下垂，輕貼兩腿外側。目視前方。見圖49。

(3) 接上勢，兩手緩慢向前平舉，與肩同寬、同高，手心向下，兩肘微下垂。見圖50。

圖50

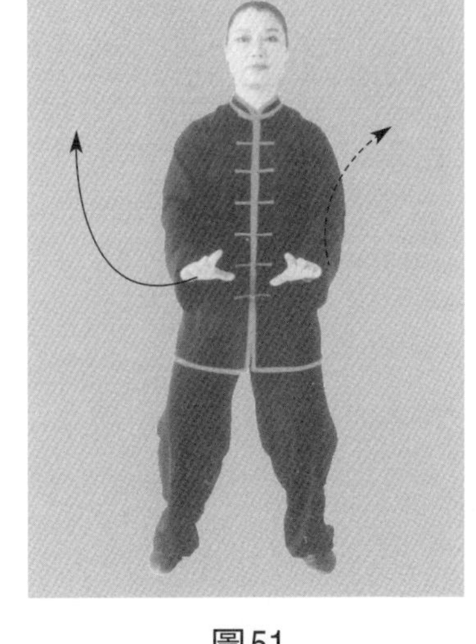

圖51

（4）接上勢，兩肩鬆沉，兩肘鬆垂帶動雙臂下落，手心向下坐腕，落於腹前。同時，兩腿屈膝下蹲，目視前方。見圖51。

圖52

【注意事項】練習時注意調整好自然呼吸，吸氣時開步，呼氣時分開步；雙手上舉時採用吸氣，下落時採用呼氣。

注意不可聳肩、歪頭、挺胸，要微鬆膝，周身舒鬆，面部自然、放鬆，口輕閉。呼吸自然。

圖53

圖54

2. 捲肱勢

（1）接上勢，身體稍右轉，步型不變。左手逆纏，向前轉出至胸前，掌心向下，掌指向前；同時，右手逆纏，向右後斜上方轉至肩高，掌心向下，掌指斜向右後方，目視右手。接著兩手變順纏，掌心翻向上。見圖52。

（2）接上勢，兩手再變逆纏，右臂同時屈肘向內，手至右腮側，掌心斜向前，掌指斜向上；左手在原處做逆纏旋轉，掌心向下，掌指向前。目視前方。見圖53。

（3）接上勢，身體左轉，步型不變，右手繼續逆纏，向前經左臂上側向前轉出，手同胸高，掌心斜向前下方，掌指斜向左前上方；同時，左手繼續逆纏向下轉至腹前，掌心向下，掌指斜向前，目視左手方向。見圖54。

（4）接上勢，身體繼續左轉，步型仍為高馬步；左手逆纏向左後斜上方轉出至肩高，掌心向下，掌指斜向左後

圖55

圖56

方，目視左手。接著，兩手變順纏，掌心翻向上。見圖55。

（5）接上勢，兩手再變逆纏，左臂同時屈肘向內，手至左腮側，掌心斜向前，掌指斜向上；右手在原處做逆纏旋轉，掌心向下，掌指向前。目視前方。見圖56。

圖57

（6）接上勢，身體右轉，步型不變，左手繼續逆纏，向前經右臂上側向前轉出，手同胸高，掌心斜向前下方，掌指斜向右前上方；同時，右手繼續逆纏向下轉至腹前，掌心向下，掌指斜向前。目視前方。見圖57。

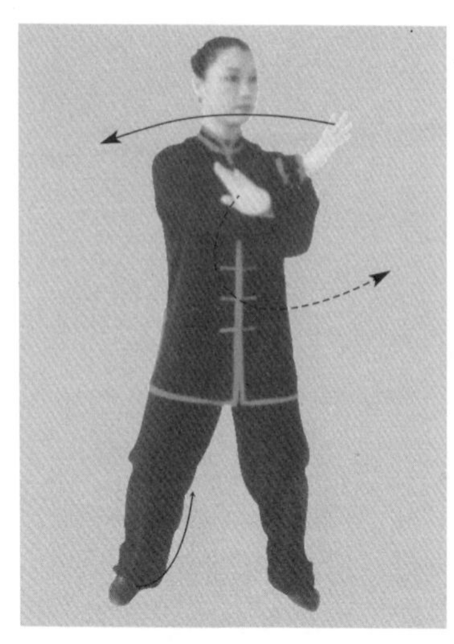

圖58

圖59

【注意事項】練習左右轉身前後分掌時採用吸氣，練習左右轉身向前方逆纏推出時採用呼氣。

練習時可隨口令二八拍反覆單式練習，以熟練掌握陳式太極拳手法的逆纏和順纏的方法。

3. 攬紮衣

（1）接上勢，身體向左回轉。同時右掌向左手臂上方穿出，兩掌內旋，兩掌心翻向外，右掌指向上，左掌指向左。目視兩掌，此時呼氣。見圖58。

（2）接上勢，重心移至左腳，同時提右膝，右手逆纏向上、向右畫弧轉至右側前方，臂同肩高，掌心斜向右前，掌指斜向上；左手隨之逆纏向右再向下、向左再向上畫弧轉至左側前方，臂同肩高，掌指斜向左前。目視右前方。見圖59。

（3）接上勢，提起右腳，以腳跟內側貼地向右側方

圖60

圖61

擦出，腳跟著地，腳尖翹起；同時左手順纏繼續向上、向內畫弧至胸前，掌心向右，掌指向上；右手也順纏繼續向下、向內畫弧轉至胸前，與左手交叉相搭，左手在內、右手在外成十字手，掌心斜向內，掌指斜向前上方。目視右前方。見圖60。

（4）接上勢，身體稍左轉，右腳尖落地踏實，隨之屈膝前弓，同時右手逆纏，掌心向外、向右畫弧至右側前方；身體隨之右轉，步型成右側偏馬步，右手變順纏，塌腕立掌，接著身體再向左轉正，掌心斜向前，掌指向上；隨之左手順纏向下落至腹前，掌心向上，掌指向左。眼法不變。見圖61。

圖62

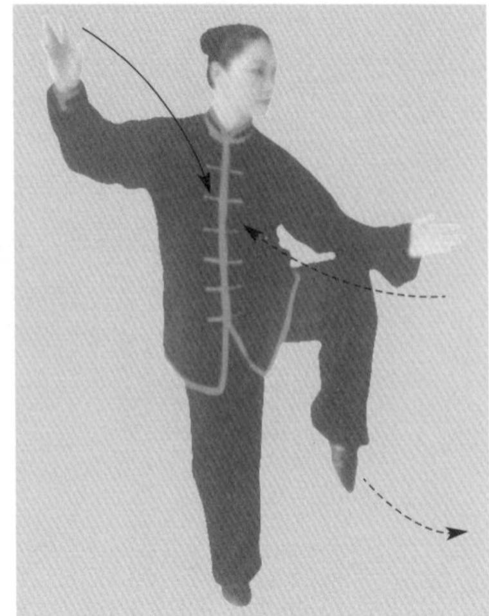
圖63

圖64

（5）同（1），但方向相反。見圖62。
（6）同（2），但方向相反。見圖63。
（7）同（3），但方向相反。見圖64。

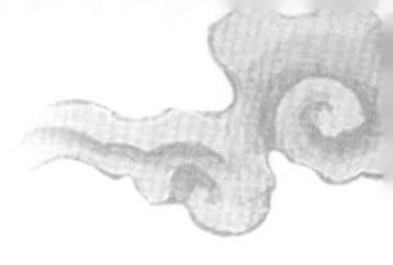

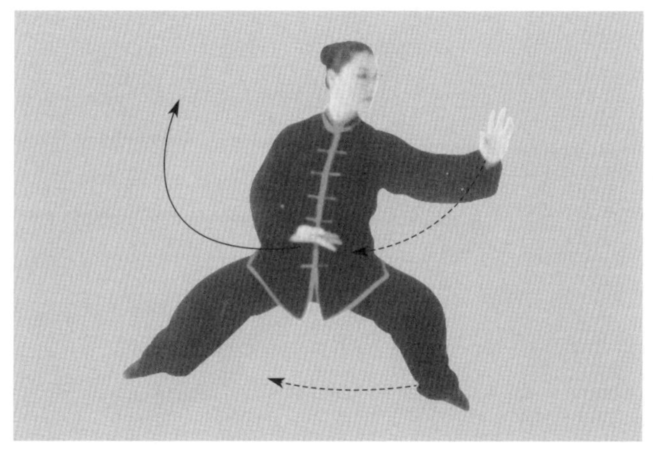

圖65

（8）同（4），但方向相反。見圖65。

【注意事項】練習提膝穿掌分掌時採用吸氣，練習擦腳合手時採用呼氣。

練習時可隨口令將左、右攬紮衣分成二八拍或四八拍口令進行單個動作練習，也可以連貫組合一起練習。

圖66

4. 白鶴亮翅

（1）接上勢，身體右轉，右腳支撐，左腳腳跟抬起，前腳掌著地，同時，右手逆纏，向右胸前，掌心向外，掌指向上；接著左手順纏，向右腹前，掌心向右。目視右前方。見圖66。

圖67

（2）接上勢，身體右轉，右腿弓膝，同時提起左腳向左前方上步，腳跟著地，腳尖翹起，成仆步。右手逆纏，向左至左肩前，掌心向外；左手順纏，向右胯側插轉，掌心向右，掌指向下。目視右前方。見圖67。

（3）接上勢，左腳尖落地踏實，隨之弓膝重心移至左腿，提起右腳向前跟步，落於左腳內側，腳前掌著地，成右虛步；同時左手逆纏，向前、向左側上方轉出，手高於頭，掌心向外，掌指向上；接著右手逆纏，向下、向右轉至右胯側前方，掌心向下，掌指向前。目視前方。見圖68。

（4）同（1），但左右相反。見圖69。

（5）同（2），但左右相反。見圖70。

（6）同（3），但左右相反。見圖71。

【注意事項】練習虛步合掌時採用吸氣，練習開步插掌時採用呼氣。

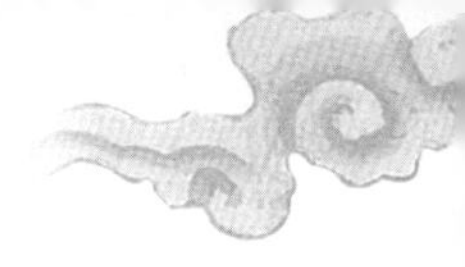

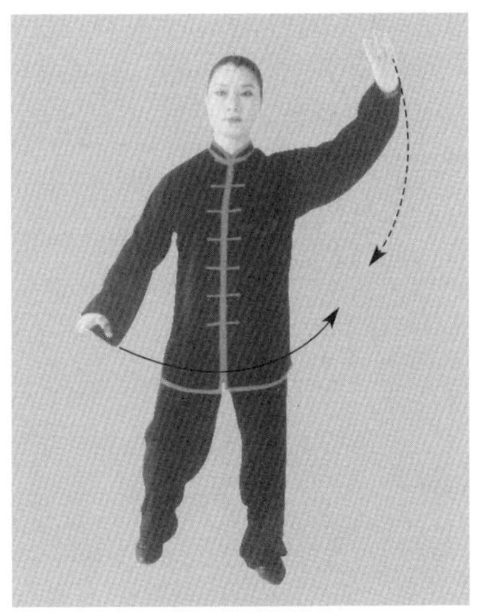

圖68

圖69

圖70

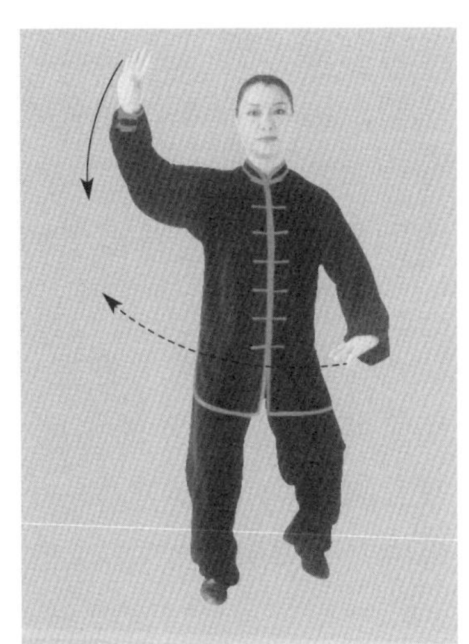

圖71

練習時可跟隨口令單個動作左右對稱練習，也可連貫起來練習。

圖72

圖73

5. 雲　手

（1）接上勢，身體右轉，右腿弓膝，同時右手逆纏向內、向右畫弧擠按，掌心斜向右前方，掌指斜向上；左手順纏向下、向右畫弧轉至右肘內下側，掌心斜向右前方，掌指斜向右前上方。見圖72。

（2）接上勢，身體變為左轉，左腿弓膝。隨之兩手隨身體轉動，左手變逆纏，向上、向左雲轉至左側前方，掌心斜向左；右手順纏向下、向左雲轉至左肘內下側，掌心斜向左。目視左前方。同時右腿經左腿後側向左後叉步，重心移至左腿，左腳跟提起，左腳前掌著地。見圖73。

（3）接上勢，兩手繼續隨身體向左平雲手，左腿抬起向左前側方邁出成左弓步。見圖74。

（4）接上勢，身體右轉，右腿弓膝。隨之兩手隨身體轉動，右手變逆纏，向上、向右雲轉至右側前方，掌心

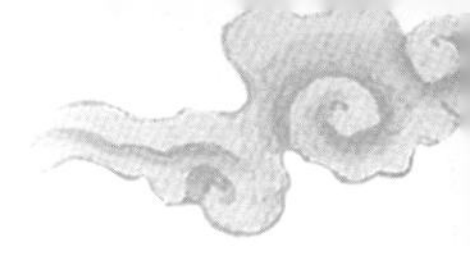

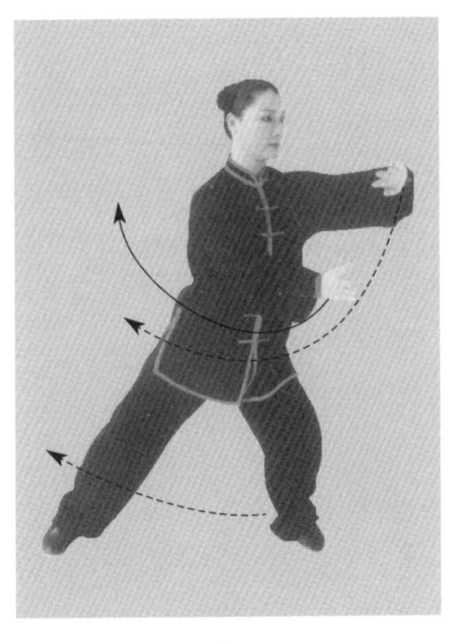

圖74

圖75

斜向右，掌指斜向左前上方；左手順纏向下、向右雲轉至右手內下側，掌心斜向右，掌指斜向上；接著，身體變為右轉，右腿繼續弓膝，提起左腳經右腿後側向右後方叉步，重心移至左腿。見圖75。

【注意事項】練習開步雲手時採用呼氣，練習叉步雲手時採用吸氣。

練習時可左右單個雲手交替練習，也可連貫起來練習。

6. 野馬分鬃

（1）接上勢，身體右轉，右腳抬起先落於左腳旁，然後屈膝提起，同時，右掌內旋向上、向後、向下畫弧托於右膝外，掌心向上，指尖向右前方。左掌繼續內旋，向上、向左經胸前畫弧於身體左側，掌同左肩高，掌心向外，指尖向右前方。目視右掌，這時採用吸氣。見圖76。

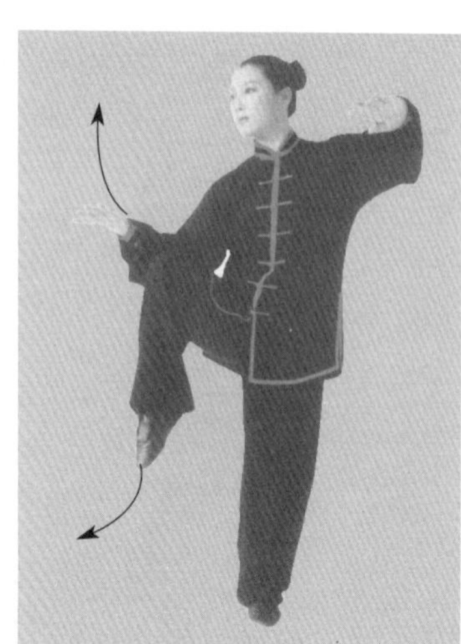

圖76

圖77

（2）接上勢，左腿微屈下蹲，右腳向右前落地擦一步，成右偏馬步；同時右掌向右前方微外旋穿出，右臂屈肘，右掌同胸高，小指側翻向上，指尖向右前方。左臂微屈內旋，右掌心向外，指尖向右前上方。目視右掌，這時採用呼氣。見圖77。

（3）接上勢，重心左移，右腳尖內扣，身體左轉；同時右掌外旋向下、向左前畫弧於左腹前，繼續內旋、向上、向右經胸前畫弧於右胸前，掌同右肩高，掌心向前，指尖向左。左掌繼續向後、向下畫弧於左胯側，重心移至左腿，左腿屈膝提起，腳尖自然下垂。左掌心向上，指尖向上，指尖向左前方。目視左掌，這時採用吸氣。見圖78。

（4）接上勢，右腿屈膝下蹲，左腳向左落地擦出一步，成左偏馬步；同時左掌向左前方微外旋穿出，左臂屈肘，掌同胸高，小指側翻向上，指尖向左前方。右臂微

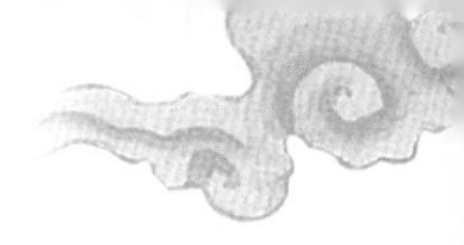

圖78

圖79

屈，右掌心向外，指尖向左前方。目視左掌，這時採用呼氣。見圖79。

【注意事項】練習時可單個動作練習，也可左右交替練習。還可小組合連續起來練習。

7. 金雞獨立

（1）接上勢，身體重心移至左腳。右腳跟提起，腳前掌擦地收至左腳內側約5公分處，同時右掌向右、向下、向左畫弧並外旋至右胯旁，掌心向上，指尖向前。左掌向右、向下繼續畫弧至右腹前，掌心向下，指尖向右。目視前方，這時採用吸氣。見圖80。

（2）接上勢，右腿屈膝提起，腳尖自然下垂；同時右掌外旋向上經面側內旋向上伸出，掌心向右，指尖向上。左掌向下、向左畫弧至左胯旁，掌心向下，指尖向

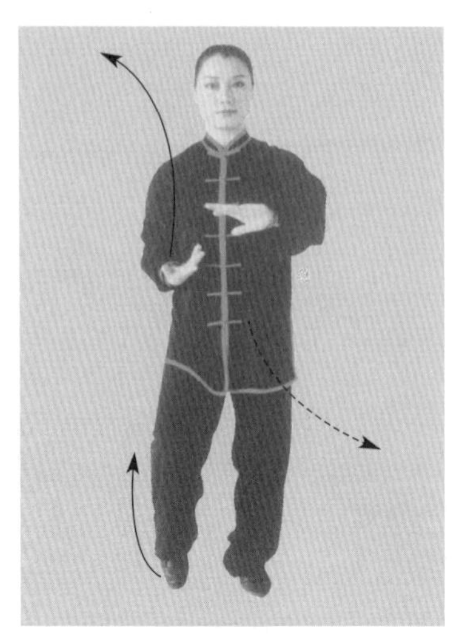

圖80

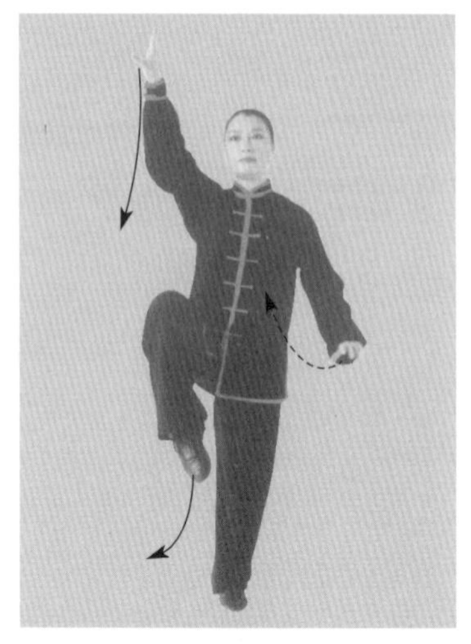

圖81

前。目視前方，這時採用呼氣。見圖81。

（3）接上勢，右腳下落成屈膝開立。右手下按，左手向上畫弧，成兩臂前平舉，與肩同寬，掌心向下，指尖向前。目視前方，這時採用呼氣。見圖82。

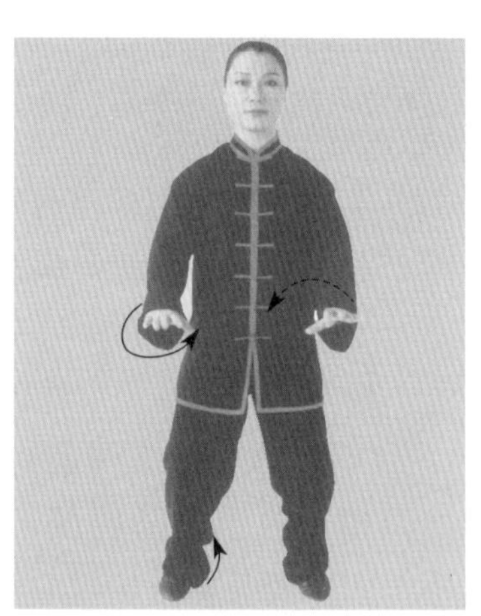

圖82

（4）接上勢，重心移至右腳。左腳跟提起，腳前掌擦地收至右腳內側約5公分處；同時左掌向左、向下、向右畫弧外旋收至左胯旁，掌心向上，指尖向前。右掌向左、向下畫弧至左腹前，掌心向下；指尖向左。目視前方，這時採用吸氣。見圖83。

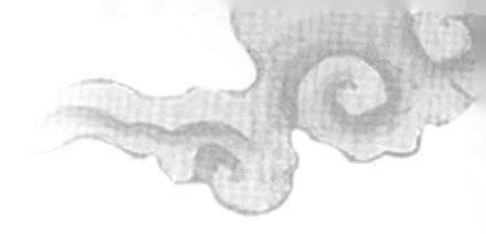

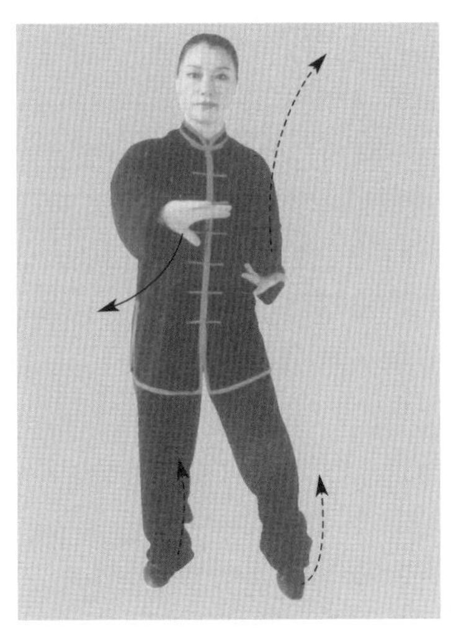

圖83

圖84

（5）接上勢，左腿屈膝提起，腳尖自然下垂；同時左掌外旋向上經面前內旋向上穿出，掌心向左，指尖向上。右掌向下、向右畫弧至右胯旁，掌心向下，指尖向前。目視前方，這時採用呼氣。見圖84。

【注意事項】練習時注意呼吸配合。可左、右單勢練習，也可小組合連續起來練習。

8. 收　勢

（1）接上勢，左腳下落成屈膝開立。左手下按，右手向上畫弧成兩臂前平舉，與肩同寬，兩掌心向下，兩指尖向前。目視前方，這時採用吸氣。見圖85。

（2）兩腿慢慢伸直，同時兩掌緩緩下按落至兩腿外側，成開步自然站立。目視前方，這時採用呼氣。見圖86。

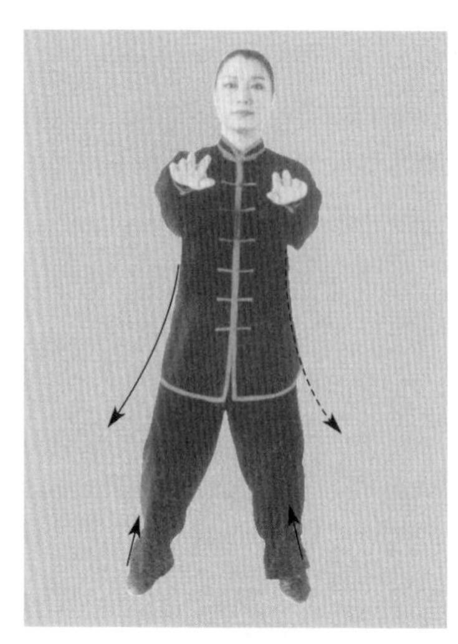

圖85

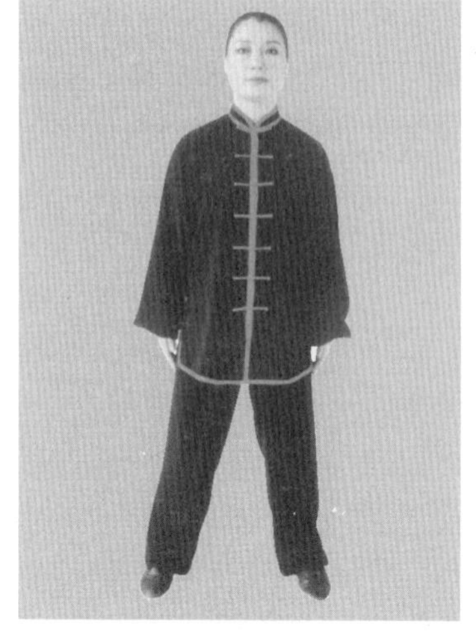

圖86

以上八個組合手法動作是不發力的，請學習者注意。下面介紹的7組動作是發力的，請跟我練習。

9. 掩手肱捶

（1）接第1勢，見圖48、圖49、圖50、圖51。身體重心移至右腳。左腳向左擦出一步成右偏馬步；同時兩掌向左（右）、向上畫弧分掌，掌同胸高。接著兩掌外旋內合，左掌心翻向上，拇、食兩指伸直，餘指屈攏，成「八」的手勢，臂微屈，肘下垂，掌同胸高，指尖向左前方。右臂外旋，同時右掌變拳屈肘立於左胸前，拳心向右後方。目視左掌，這時採用吸氣。見圖87。

（2）接上勢，身體微左轉，重心微左移，成左弓步；同時左掌內旋迅速收至左腹前，手型不變，掌心緊貼左腹。右拳沿左下臂上方內旋，向左前方擊出。目視右拳，這時採

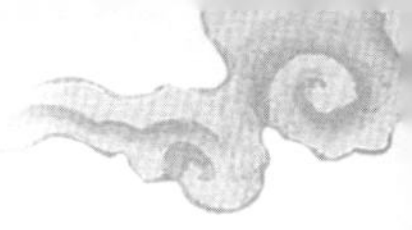

圖87

圖88

用呼氣。見圖88。

（3）接上勢，身體微右轉，重心微右移，成右偏馬步；同時右拳變掌，兩掌同時向下、向左（右）、向上分掌。接著兩手外旋內合，右掌心翻向上，拇、食二指自然伸直，餘指屈攏，成「八」的手勢，臂微屈，肘下垂，掌同胸高，指尖向右前方。左臂外旋，同時左掌變拳屈肘立於右胸前，拳心向左後方。目視右掌，這時採用吸氣。見圖89。

圖89

（4）接上勢，身體微右轉，重心左移成右弓步；同時右掌內旋迅速收至右腹前，手型不變，掌心緊貼右腹。左拳沿右下臂上方內旋，向右前方擊出。目視左拳，這時採用呼氣。見圖90。

圖90

圖91

【注意事項】練習時可跟隨口令左、右單勢交替練習，也可原地按組合動作一起練習。

兩臂合臂時兩手要做順纏。兩臂打開時兩手要做逆纏。發拳時要快速有力，力達拳面。

10. 搬攔捶

（1）接上勢，身體右轉，右腿弓膝成右偏馬步。兩手握拳，右拳順纏，左拳逆纏，兩手同時向下經腹前向右轉至右側前方。右拳心向上。左拳心向下，在右肘內側。目視右前方。這時採用吸氣。見圖91。

（2）接上勢，身體左轉，左腿弓膝成左偏馬步。同時右拳變逆纏向右下方擰轉，拳心向下，拳眼向前；左拳變順纏也向右下方擰轉，拳心向上，拳眼向前。然後兩拳同時向左側上方發力打出，左拳同耳高，拳心斜向上，拳眼向左後方，臂成弧形；右拳至左肘內下側，拳心向下，

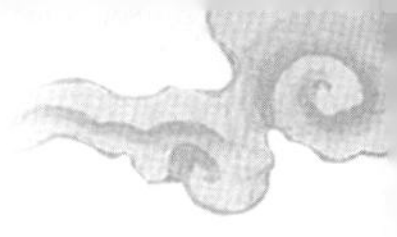

圖92

圖93

拳眼向左後方。目視左前方，這時採用呼氣。見圖92。

（3）接上勢，身體繼續左轉，左腿弓膝成左偏馬步。左拳逆纏，右拳順纏，兩手同時向上、向右經面前向右、向下、向左畫一圓弧轉至左膝外上側。左拳心向下，拳眼向前；右拳心向上，拳眼向前。這時採用吸氣。見圖93。

圖94

（4）接上勢，兩拳同時向右側上方發力打出，右拳同耳高，拳心斜向內，拳眼向右後方，臂成弧形；左拳至右肘內下側，拳心向下，拳眼向右後方。目視右前方。這時採用呼氣。見圖94。

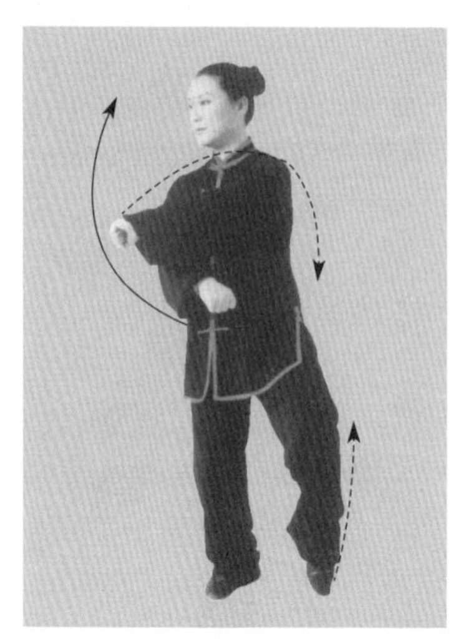
圖95

圖96

【注意事項】練習時可跟隨口令左、右單勢交替練習，也可組合動作連起來練習。

注意兩拳在左右轉動時，兩拳的距離要保持在一前臂寬。左右發力橫抖時，要用腰帶動兩臂，力達拳眼。

11. 海底翻花

（1）接上勢，身體先右轉再左轉。隨之將左腿收到右腳旁10公分，腳跟提起。接著右拳繼續向右、向下，左拳向右、向上交臂握拳。目視右前方。這時採用吸氣。見圖95。

（2）接上勢，左腿屈膝上提，膝同腹高；同時，左拳隨身體左轉在體前向下、向右繞一立圓，置於左膝外側約10公分，拳眼向外，拳心向上。右拳向下、向右、向上畫弧上舉，臂微屈，拳稍高於頭，拳心向左。目視左拳，這

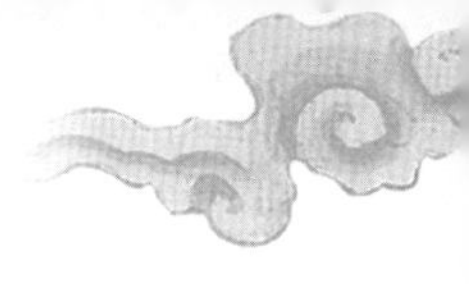

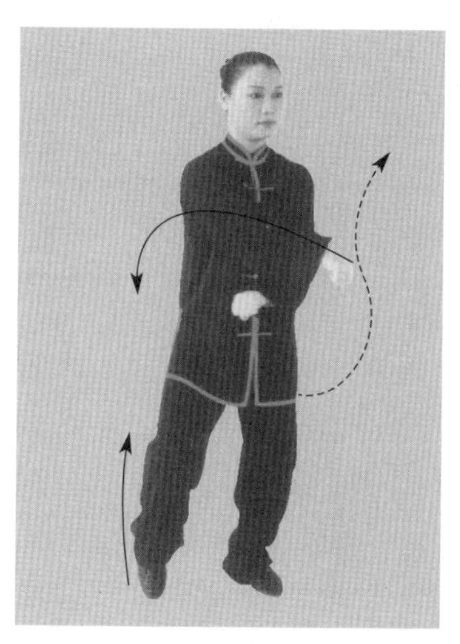

圖97

圖98

時採用呼氣。見圖96。

（3）接上勢，左腿下落，重心移至左腿。右腿屈膝，腳尖點地；同時，右臂內旋向下、向左畫弧，左臂屈肘向右、向下交臂握拳。目視左前方，這時採用吸氣。見圖97。

（4）接上勢，身體右轉，右腿提膝同腰高，腳尖自然下垂；同時左拳向右、向下、向左經腹前外旋向左、向上屈肘舉於肩左前上方，拳稍高於頭，拳心向右。右拳向左、向上在胸前和左臂相會時經左前臂內側再向上、向右經面前向下畫弧，外旋翻臂下壓於右膝外側約10公分處，右臂屈肘，拳心向上。目視右前方，這時採用呼氣。見圖98。

【注意事項】練習時可跟隨口令左、右單勢交替練習。也可組合動作連起來練習。

練習時注意上下、前後發力動作，要保持身體平衡。提膝、舉臂、翻臂下壓要協調一致，同時完成。

圖99

圖100

12. 連珠炮

（1）接上勢，左腿落地成半蹲，雙拳變掌，兩手臂繼續向左、向上畫弧，隨身體右轉再向下、向右畫弧經胸前內旋轉腕，屈肘屈腕，以手背一側腕關節弧形向右上於右耳側，五指斜向下，左臂屈肘，左手外旋向下、向左、向上畫弧托於左肩前方，左掌稍低於肩，掌心向上。目視左掌，這時採用吸氣。見圖99。

（2）接上勢，兩手內旋向上畫弧收於右胸，手心斜相對。接著身體左轉，兩手繼續內旋合勁迅速向前推出，兩臂微屈，右手同胸高，指尖向上，掌心向前；左手同肩高，指尖向左上方，掌心斜向前。目視右掌，這時採用呼氣。見圖100。

（3）接上勢，重心下沉，右手內旋，兩臂外展，左掌心斜向上，右掌心斜向外。身體左轉，同時左手向下、

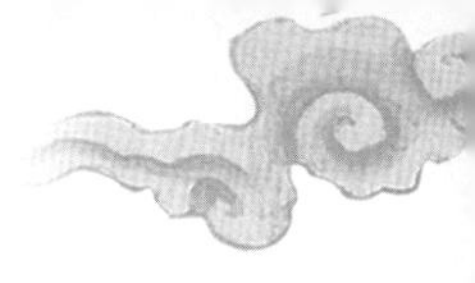

圖101

圖102

向左畫弧經胸前內旋轉，屈肘屈腕，以手背一側腕關節弧形向左上刁托於左耳側，勁貫手背，五指斜向下，小指、無名指、中指依次內收。右臂屈肘，右手外旋向下、向左、向上畫弧托於右肩前方，右掌稍低於肩，指尖向右，勁貫掌指。目視右掌，這時採用吸氣。見圖101。

（4）接上勢，重心下沉右轉，兩手內旋合勁迅速向前推出，兩臂微屈，左手同胸高，指尖向上，掌心向前；右手同肩高，指尖向左上方，掌心斜向前。目視右掌，這時採用呼氣。見圖102。

【注意事項】練習時可跟隨口令交替練習，注意呼吸配合，也可以左右組合起來練習。

注意兩手合於胸前時，全身要形成一個合勁，也是蓄勁。當全身勁蓄滿後，迅速推動兩手向前發出，要協調一致，突出剛勁。

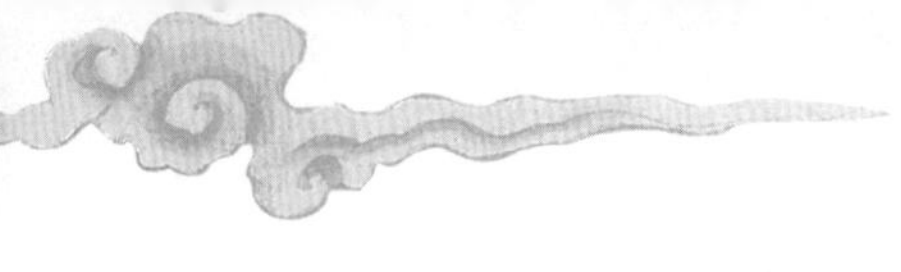

圖103

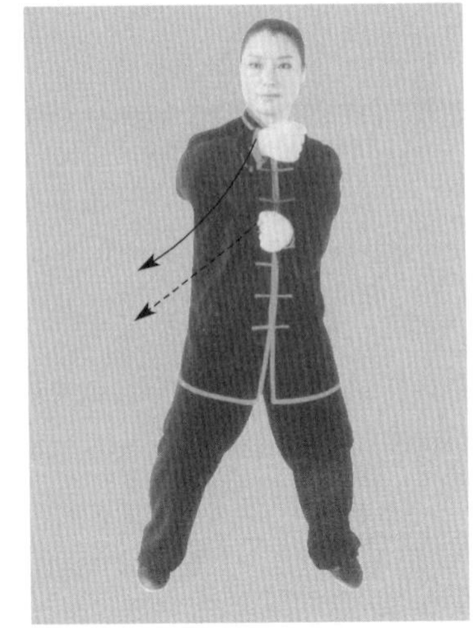

圖104

13. 當頭炮

（1）接上勢，兩掌變拳向下、向左畫弧，左拳收於腰間，拳心向裏，右拳收於腹前，拳心向上。目視右前方，這時採用吸氣。見圖103。

（2）接上勢，身體微右轉，右臂屈肘橫於胸前並與左拳一起向右前去，右拳與左胸同高，拳心向裏；左拳在右前臂內下方，臂微屈，拳眼向上。目視右前方。這時採用呼氣。見圖104。

（3）接上勢，身體繼續右轉，同時兩手向下、向右畫弧握拳，右拳收於腰間，拳心向裏；左拳收於腹前，拳心向上。目視右前方，這時採用吸氣。見圖105。

（4）接上勢，身體微左轉，左臂屈肘橫於胸前並與右拳一起向右前去，左拳與右胸同高，拳心向裏；右拳在左前臂內下方，臂微屈，拳眼向上。目視右前方。這時採

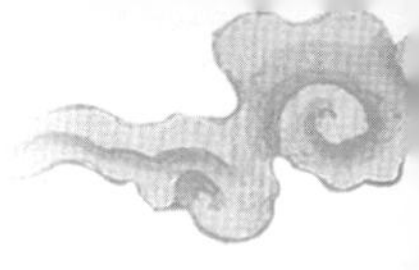

圖105

圖106

用呼氣。見圖106。

【注意事項】練習時，可跟隨口令左右交替練習，也可組合起來練習。

此動作是發勁動作，在發勁時，要迅速轉腰，力達拳臂，迅速發力。

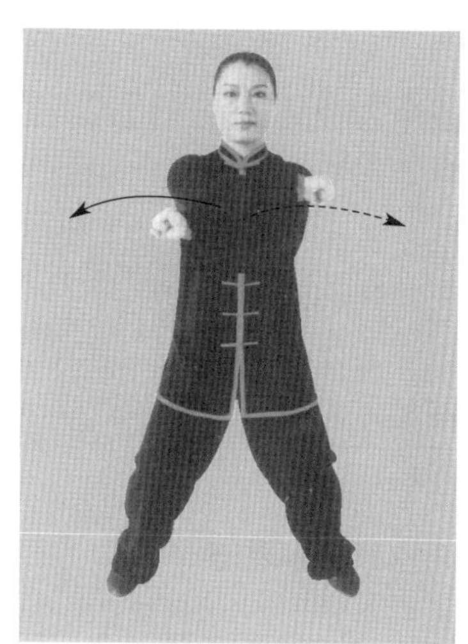

圖107

14. 順鸞肘

（1）接上勢，兩腿屈蹲沉胯，重心提起，兩手握拳，兩臂均屈肘疊臂合勁交叉於體前，兩手拳心向下。目視前方，這時採用吸氣。見圖107。

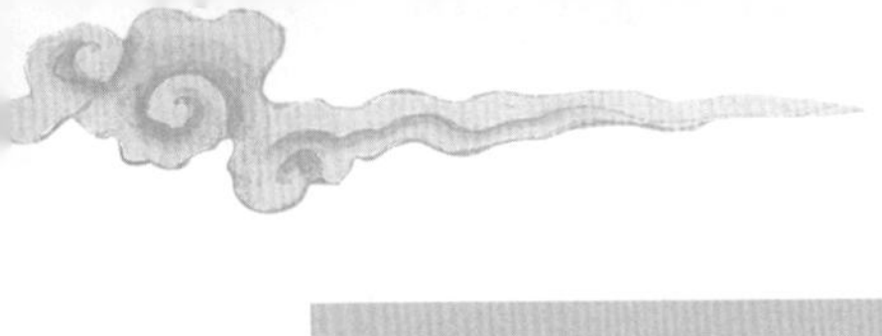

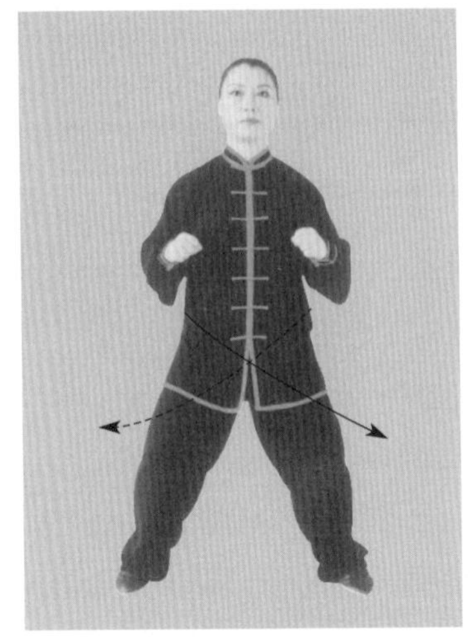

圖108

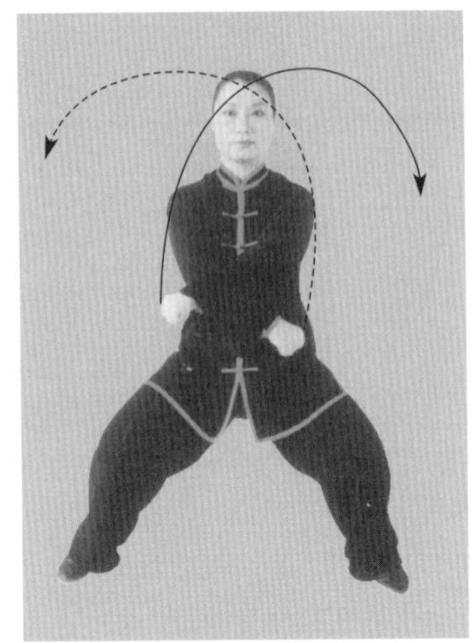

圖109

（2）接上勢，兩臂儘量屈肘，以肘尖為力點向兩側後下方發勁頂去，這時沉胯成馬步。目視前方，這時採用呼氣。見圖108。

【注意事項】練習時可跟隨口令配合呼吸交替練習，也可組合起來練習。

注意在頂肘時，要發力短促，控制兩拳不離胸部，方能產生反彈勁，使兩肘的勁不易外散。

15. 裹鞭炮

（1）接上勢，兩臂上下弧形繞至腹前交叉，右臂在外（含胸拔背，蓄勁）；重心下沉成馬步。目視前方，這時採用吸氣。見圖109。

（2）接上勢，兩臂屈肘，短促、迅速發力，兩拳以拳背為力點，向上、向左（右）分擊，拳與肩同高。目視

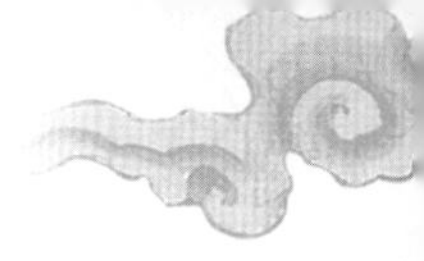

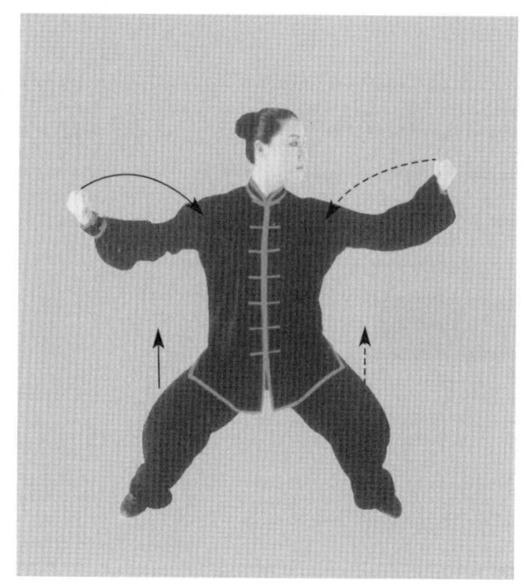

圖110

左拳，這時採用呼氣。見圖110。

【注意事項】練習時可跟隨口令配合呼吸練習，也可組合起來練習。

此動作的分臂發力時，要沉肩、垂肘、氣下沉，兩拳鬆握制動方能產生反彈勁。

16. 收　勢

收式動作同前第8勢。見圖85、圖86。

【注意事項】動作要領同前第8勢。

五、陳式太極拳36式套路分解教學

預備式

1. 併腳直立

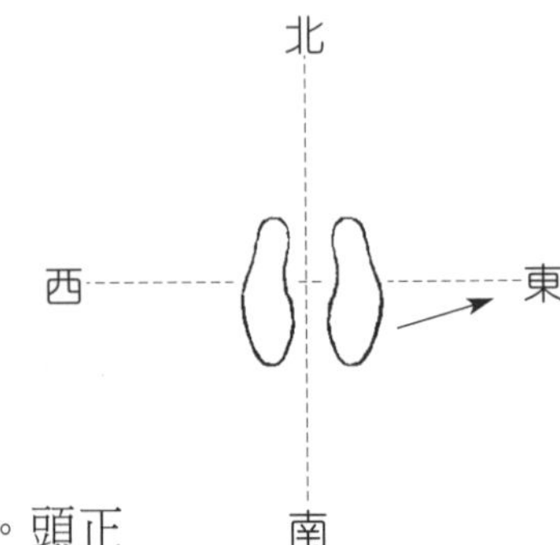

兩腳併攏，身體自然站立。頭正頸直，下頦微收，兩臂、胸腹和腰放鬆，兩腿微屈，收肛斂臀，兩手輕貼在大腿外側。見圖111。

【動作要點】精神集中，思想集中在練拳上，用意識引導全身，從頭到腳依次放鬆。做到心靜用意，身正體鬆，虛靈頂勁，氣沉丹田，沉肩垂肘，含胸拔背，鬆腰斂臀，襠部圓虛，呼吸自然，兩眼平視。

【動作呼吸】呼吸自然。

【攻防含義】以我微動制大動，意識導引，思想集中在練拳上。

【注意事項】在做預備時要注意保持身體自然放鬆，頭部要虛領頂勁，脊背要有上下對拉之意。

圖111

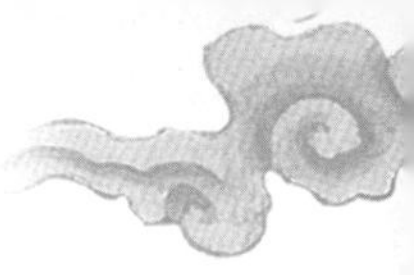

預備式

2. 開步站立

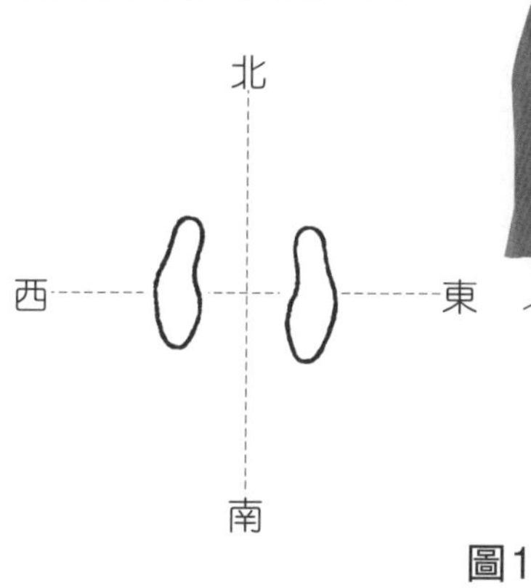

圖112

圖113-1

左腳跟先抬起，腳尖緩緩提起，向左開步，再由腳尖先著地，再全腳著地，兩腳尖向前，兩腳距離與肩同寬，身體重心落於兩腿之間，身體保持中正。見圖112、圖113。

【動作要點】用意識導引全身，從頭到腳依次放鬆。做到頭正、頸直；沉肩墜肘；含胸拔背；鬆腰斂臀；襠部圓虛，兩腿微屈，身體保持自然直立，左腳輕提輕落，落地時配合呼吸，全身各關節依次放鬆，兩腳像樹植地生根。

【動作呼吸】左腳跟離地採用吸氣，左腳落地採用呼氣。

【攻防含義】以小動待大動。

【注意事項】以意識導引，把身體調整到最佳狀態，周身放鬆，意守丹田。（丹田指腹部位）。

第一段

(一)起　勢

1. 兩手左前掤

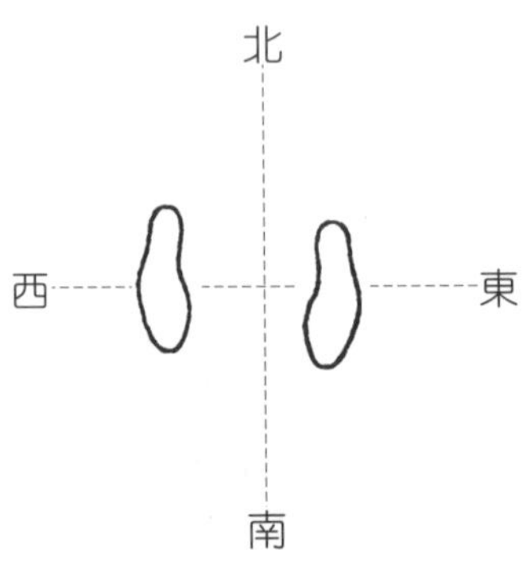

圖113-2

身體重心先微後移再向前移於左腳前掌；同時兩掌根也先微下沉，兩臂向左、向前畫弧，兩腕背側微凸，掌心向下，向左前方提腕，與腹同高，掌心斜向內，掌指斜向下。目視左前方。見圖113-1。

【動作要點】身體重心移動時要先向後微移動，以丹田帶動兩臂弧形掤起，做到欲前先後，並注意虛領頂勁。

【動作呼吸】兩手前掤時採用吸氣。

【攻防含義】當對方向我靠近，我即用雙手腕背去打對方腹部。

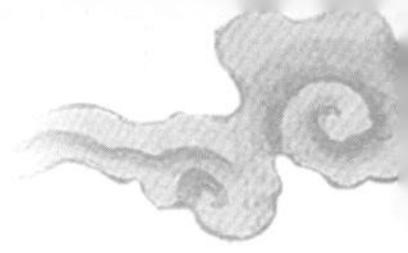

第一段

(一)起 勢

2. 雙手右後捋

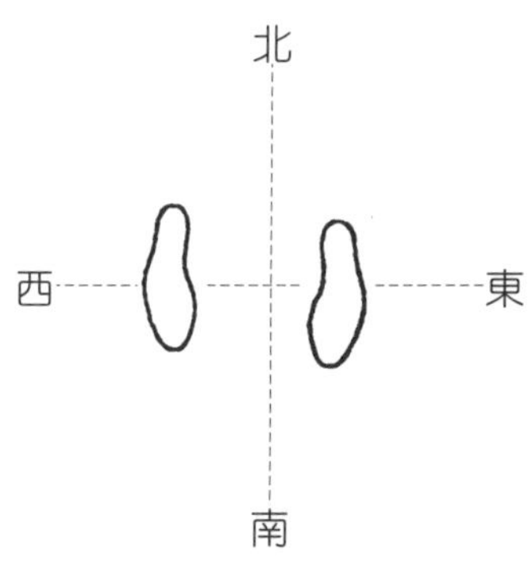

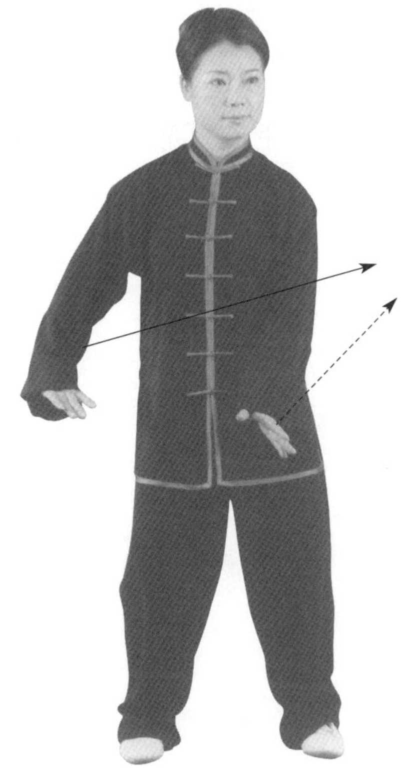

圖114

接上勢，身體重心移於右腳跟；同時兩臂向右，微向後畫弧至右腹前，掌心向下，指尖向左前方。目視前方。見圖114。

【動作要點】兩手後捋隨身體重心的移動而後捋。身體重心後移時，注意不要搖晃和後傾。保持身體的中正。雙手臂在腹前繞一小圈。

【動作呼吸】兩手後捋用呼氣。

【攻防含義】對方雙手向我腹部打來，我即雙手粘住，向右後捋帶，使對方失去重心而摔倒。

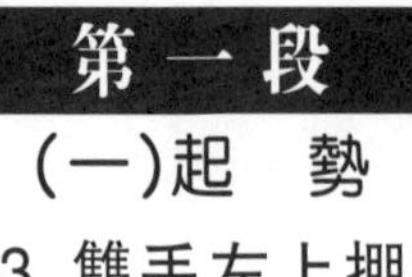

第一段

(一)起　勢

3. 雙手左上掤

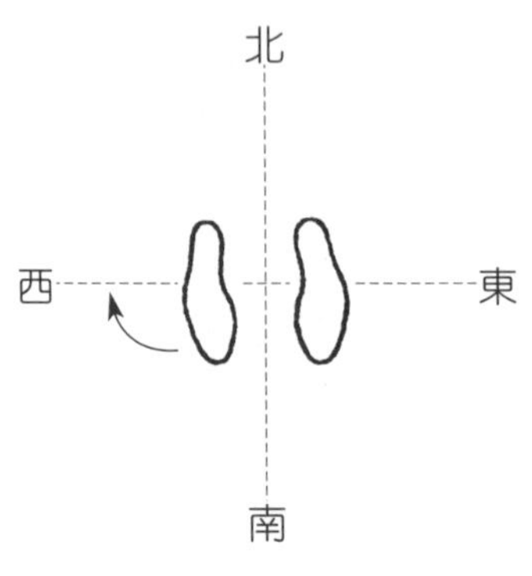

圖115

接上勢，身體重心再移於左腳前掌；兩手向左、向前、向上畫弧至胸高，與肩同寬，兩臂微屈，掌心向後下方，指尖向左前下方。目視左手所指方向。見圖115。

【動作要點】上掤雙手，要凝神上提，雙腳五趾抓地，足為跟。

【動作呼吸】兩手左上掤用吸氣。

【注意事項】雙手左上掤時，注意身體不要隨之站立，保持重心的穩定，兩腿呈微屈狀態。

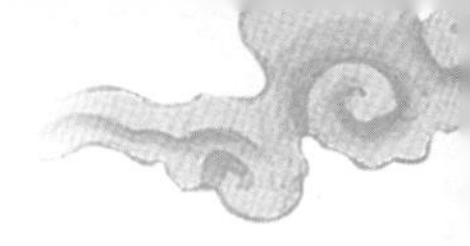

第一段

(一)起　勢

4. 轉身右捋

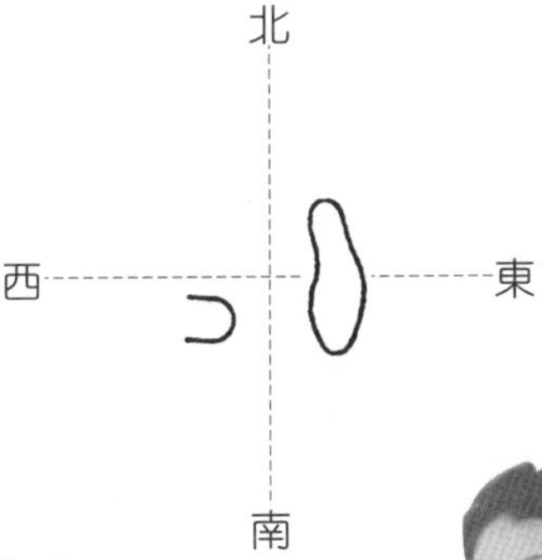

北

西

東

南

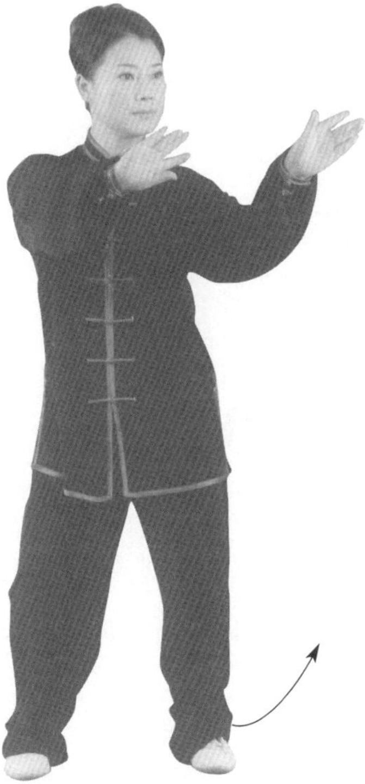

圖116

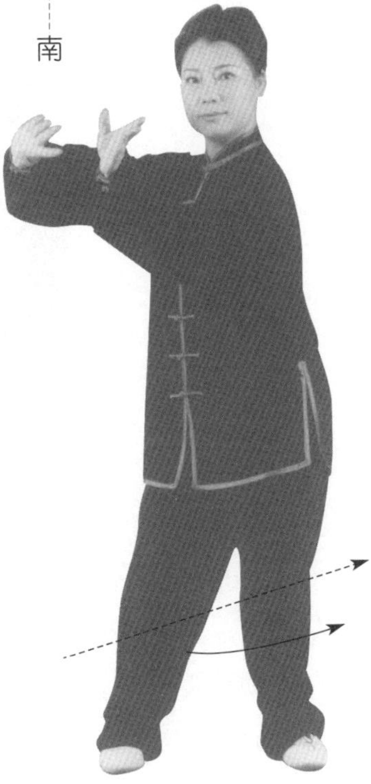

圖117

接上勢，兩腿屈膝微蹲，重心偏於左腿，身體稍右轉；兩腿屈膝下蹲成半馬步，同時左臂外旋、右臂內旋，兩臂微屈，肘自然下垂，兩手向上向右畫弧，掌心向外，指尖向左前方。目視左掌方向。見圖116、圖117。接著，

圖118

右腳以腳跟為軸，腳尖轉向西南方，身體繼續右轉；同時兩手向右畫弧至胸前，兩臂間距同肩寬，掌心向外，指尖向左前方。目視左手前方向。見圖118。

【動作要點】此動注意雙手臂在胸前弧線纏繞，同時旋轉手腕，並配合屈蹲右轉體。上下要協調一致。屈膝下蹲時，身體要正直、縮胯、斂臀，左膝與左腳尖對應，不可跪膝。

【動作呼吸】此勢隨上勢上掤一氣呵成用吸氣。

【攻防含義】對方右拳猛力向我擊來，我順勢右手粘其手腕，左手粘其肘部向右後捋去，使對方應勢前傾，失去重心。

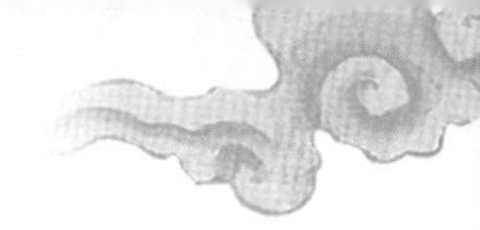

第一段

(二)右金剛搗碓

1. 擦步推掌

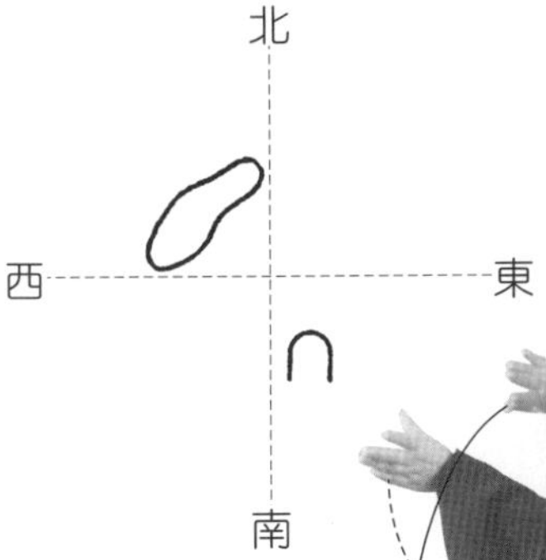

圖119

圖120

身體重心全部轉移至右腿並繼續屈膝下蹲，隨之左腿稍提，左腳腳跟內側貼地向左前方約45°擦出，同時兩手向右前方推出成左仆步。目視左手方向。見圖119、圖120。

【動作要點】擦步和推掌要同時進行。身體重心在擦步推掌下降時，應保持正直，勿偏斜。

【動作呼吸】擦步推掌用呼氣。

【攻防含義】對方右拳向我左脅擊來，我左臂掤擋其後右臂，右手用力抓住對方手臂向右後捋掌，使對方重心傾斜，摔倒。見圖121。

圖121

第一段

(二)右金剛搗碓

2. 虛步撩掌

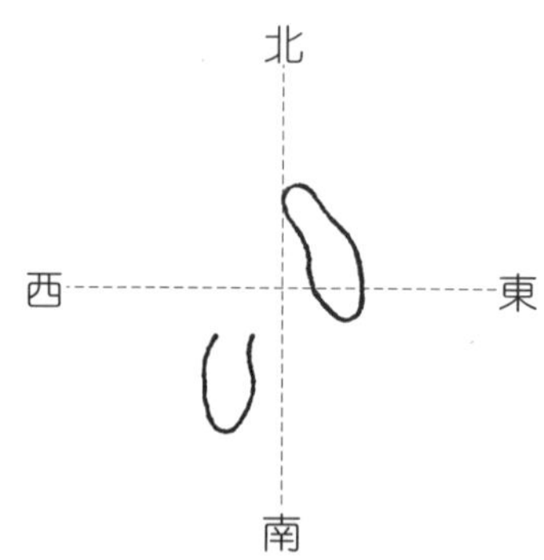

接上勢，重心逐漸移於左腿，左腳尖外展踏實（腳尖稍偏成45°），隨之身體左轉，胸向正前；同時兩掌向下，向左畫弧，左掌至體前同腹高，掌心向前下，指尖向右前方。右掌落於右胯側，掌心向前下，指尖向右。目視

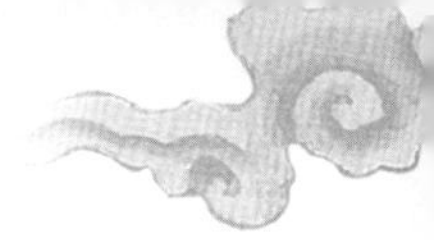

圖122

圖123

左手方向。見圖122。

接著，身體繼續左轉，左腿弓膝塌勁，重心移至左腿，提起右腳向前上步，腳前掌虛著地面，腳跟抬起，腿微屈下蹲成右虛步。同時右手向前順纏撩掌至右側腹前，掌心向前上方；左掌同時外旋向上，然後向內、向下畫弧置於右前臂內側上，掌心向後上方。目視右掌方向。見圖123。

【動作要點】身體向左轉同時，左腳微向左外展45°，以便身體上下協調一致。撩掌和右腿虛著點地要同時做到位。用腰帶動右腳上步同時完成。

【動作呼吸】此動先用吸氣，再做撩掌時用呼氣。

【攻防含義】當對方右拳向我左肋擊來，我即左手臂擋其右前臂，右手撩對方襠部，右腿可擊打對方腿部。

第一段

(二)右金剛搗碓

3. 提膝握拳

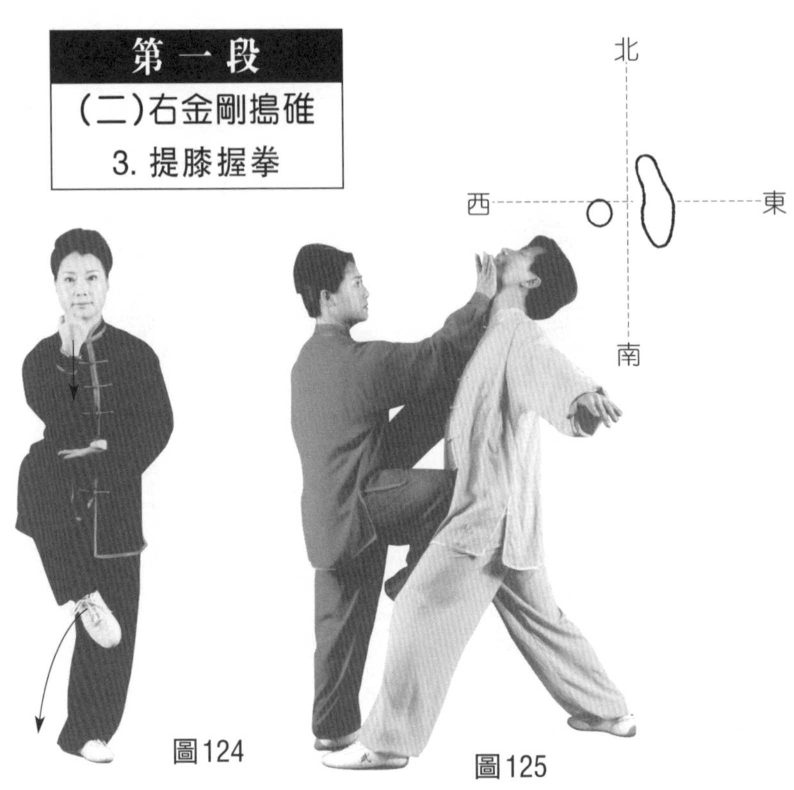

圖124　圖125

接上勢，右掌由小指到大拇指依次握拳，屈肘上提同胸高，拳眼向右。左掌下落到腹前，指尖向右，掌心向上。左腿弓住塌勁，右腿屈膝上提，腳尖自然下垂，左腿稍蹬直，重心稍升高。目視右拳方向。見圖124。

【動作要點】提膝握拳時，身體重心微上升，切勿直立。握拳的手不要超過自己的下頦。要求上下肢協調，身體重心保持正直，不要歪斜。

【動作呼吸】提膝握拳用吸氣。

【攻防含義】當對方向我靠近時，我即用右拳或者用掌上沖去其下顎。右腿提膝頂其襠部。見圖125。

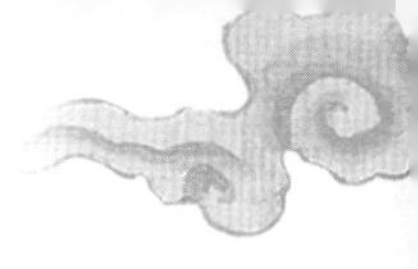

第一段

(二)右金剛搗碓

4. 震腳砸拳

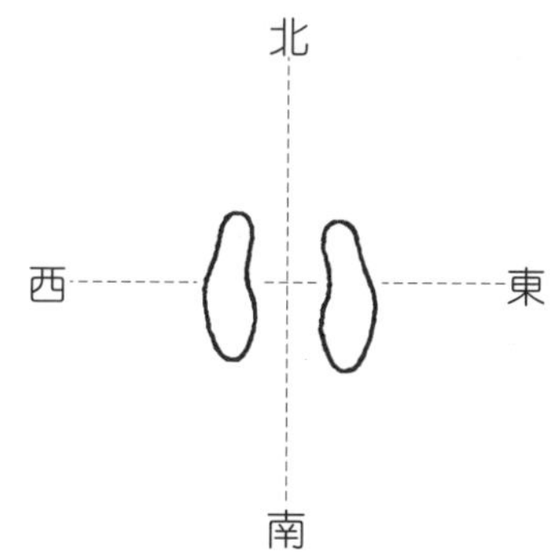

接上勢，左腿屈膝下蹲，隨之右腳全腳掌震地，兩腳平行，相距約20公分左右，重心在左腿。同時，右拳落於左掌心，拳心向上，目視前方。見圖126。

【動作要點】右拳落於左掌心，與右震腳要協調一致，勁要整，氣要下沉。動作要一氣呵成。震腳時屈膝鬆垮，全腳掌著地。保持身體中正。

【動作呼吸】震腳砸拳用呼氣。

【注意事項】動作要連貫，上下肢協調一致，不論是提膝，還是震腳，身體重心下降時，身體均保持正直。透過呼吸在震腳的一剎那氣沉丹田。重心一定在左腿上，以免受傷到頭部。

動作做到四個同時：擦步推掌要同時，上步撩掌要同時，提膝握拳要同時，震腳砸拳要同時。

圖126

第一段

(三)攬紮衣

1. 轉腰托拳

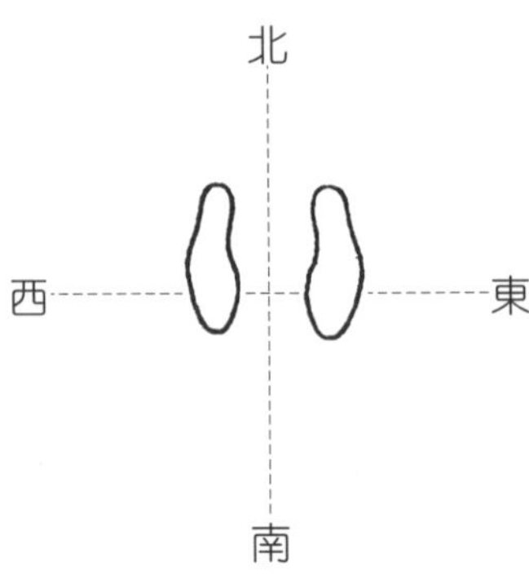

圖127

身體稍左轉，身體重心稍移於右腿；同時左掌托右拳先微微下沉再移於左腰前上方。兩手型不變，同時上轉到左肩前，右拳變掌，逆纏向內畫一小弧，成十字手。目視右拳。見圖127。

【動作要點】身體重心隨著前勢繼續先下沉，再移重心。勁起於腳底，旋腰帶動兩手上托。

【動作呼吸】轉腰托拳用吸氣。

【攻防含義】當對方在我左側向我進攻，我用右拳向上掤擊敵人下頦處。

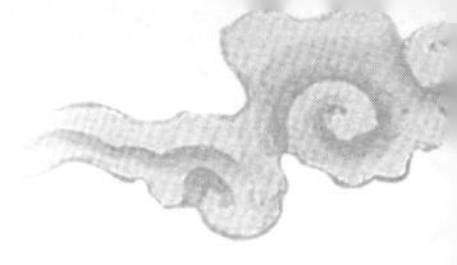

第一段

(三)攬紮衣

2. 畫弧分掌

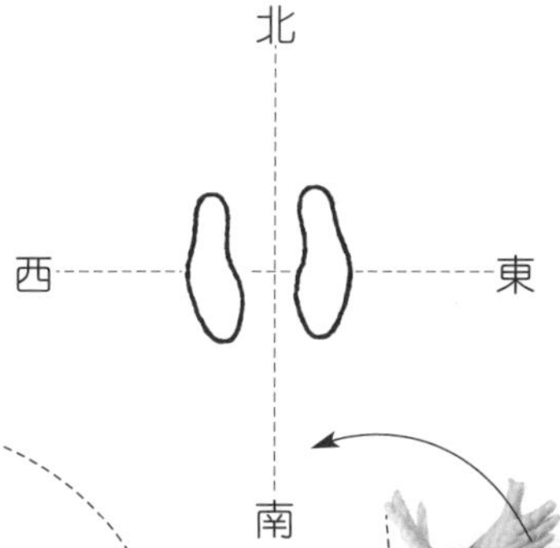

北

西 東

南

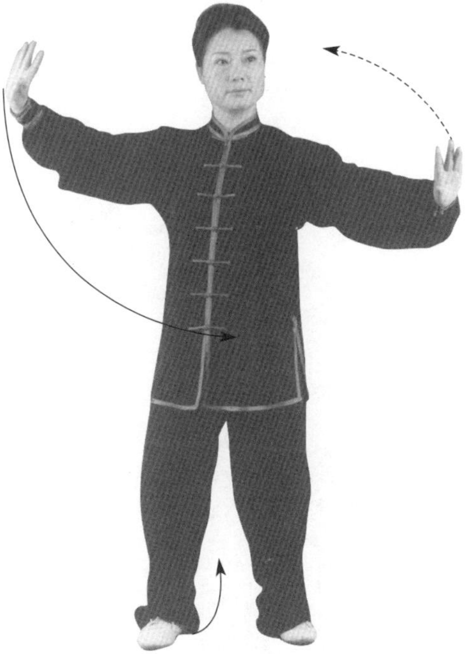

圖128

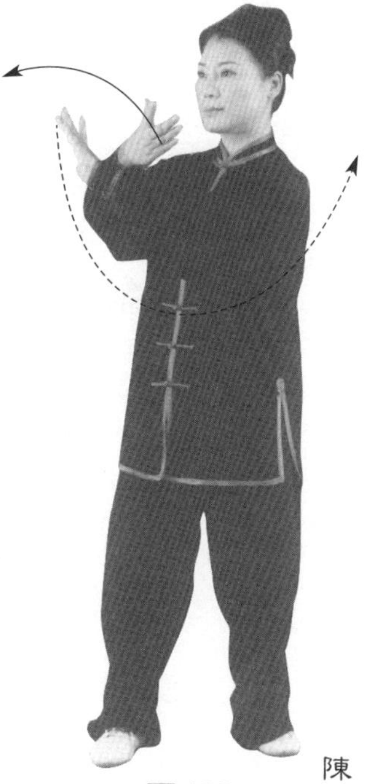

圖129

接上勢，兩手繼續向上、向右畫弧至右胸前，右拳變掌，兩掌交叉，左手成立掌，掌心向右；右掌心向外，指尖向左。目視左手。見圖128。

接上勢，兩腿屈膝下蹲，右手向上、向右畫弧，指尖稍高於肩，掌心向外。左手向下向左、向上畫弧，掌心向外，指尖同肩高，接著右臂掌根附於左前臂內側目視右手方向。見圖129。

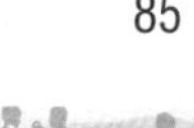

【動作要點】兩手臂自身旋轉，右肘與右膝對應，同時以腰帶兩臂左右纏繞。體現出纏絲勁。

【動作呼吸】內旋畫弧分掌隨轉腰一起同時一次吸氣。

【攻防含義】如果對方用拳攻擊我胸、面部時，我用右手護住胸部，將其手臂畫開並拿住。

第一段

(三)攬紥衣

3. 擦腳合臂

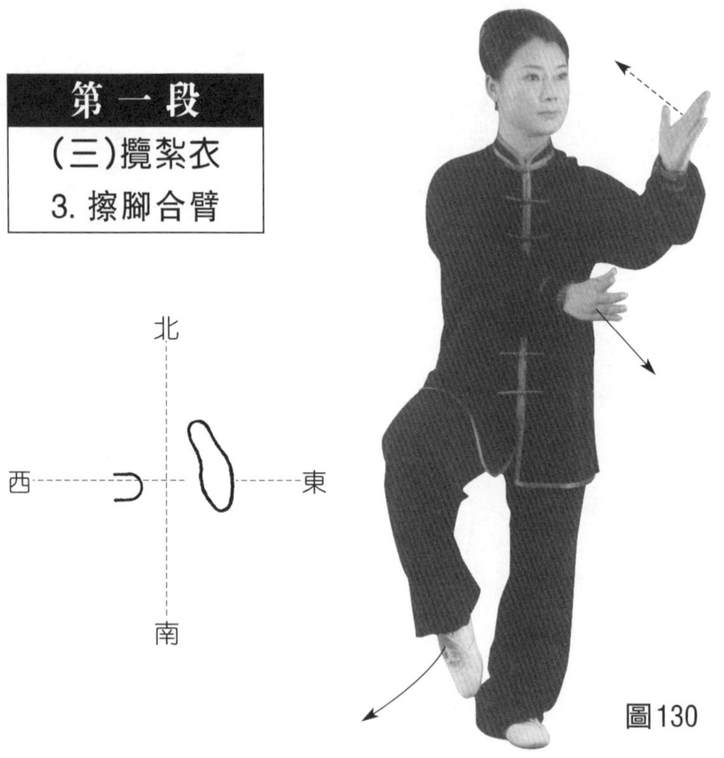

圖130

接上勢，兩腿屈膝下蹲，右手向上、向右畫弧，指尖稍高於肩，掌心向外。左手向下、向左、向上畫弧，掌心向外，指尖同肩高。接著，重心移至左腿，提起右腳，以腳跟內側貼地向右側前方擦出，腳尖翹起成右仆步。目視右手方向。見圖130。

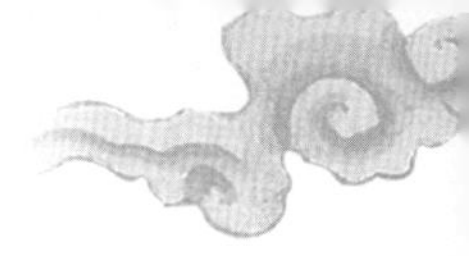

圖131

同時右手繼續向下，向左畫弧於左腹前，掌心向左，指尖向前；左手繼續向右屈肘內合，掌心向右到左胸前，指尖向左前上方。目視左前方。見圖131。

【動作要點】右腳鏟出與兩手胸前相合要協調一致。兩手是合勁，鏟出腳又是開勁，可謂合中有開，開中有合。想像著右掌把右腳壓出，協調一致。

【動作呼吸】擦步合臂用呼氣。

【攻防含義】如果對方用拳擊我胸，我用右手抓其腕部，隨之抬右腳蹬踹其膝部或踝部。

第一段

(三)攬紮衣

4. 馬步橫掌

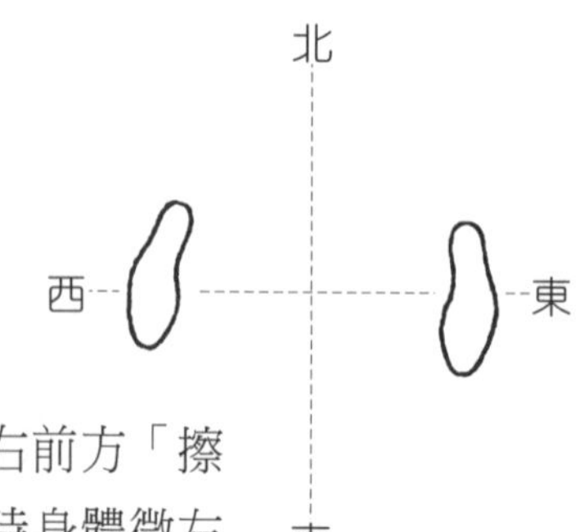

接上勢，腳跟內側貼地向右前方「擦步」，兩腳間距約三腳半。同時身體微左轉大約45°，右腳尖落地踏實，隨之屈膝前弓；右手繼續向左畫弧，掌心向左，指尖向前；左掌繼續向左畫弧，在胸前與右掌向內合勁，掌心向右，指尖向前上方。目視右手。見圖132。

圖132

接著，重心向右移動。同時右前臂內旋，屈肘成橫掌，掌心向前下。左掌外旋，掌心向上，掌背附於右上臂內側。右手臂繼續右走到大約與身體的45° 角方向，手腕內旋立掌。左手臂外旋到腹部掌心向上。目視右掌方向。見圖133。

【動作要點】拉橫掌時，右臂沉肩、墜肘，懸腕先出手，節節貫穿，用腰拉動右臂運行。在攬紮衣定勢時，身體正直，氣下沉，半馬步要開胯、圓襠、合膝，與上肢鬆肩、垂肘，坐胯要協調一致。

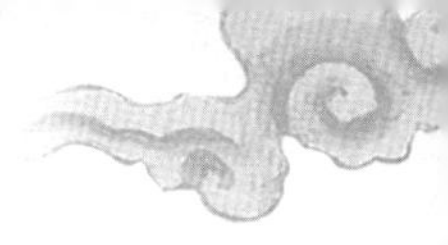

圖133

圖134

【動作呼吸】馬步橫掌時採用吸氣，定勢立掌時採用呼氣。

【攻防含義】當對方貼近我身時，我即用肩靠，再用肘頂，後用手掌根去打對方面部。見圖134。

【注意事項】上下肢動作要協調、相隨，即「一動無有不動」。定勢為右偏馬步。

第一段

(四)白鶴亮翅

1. 扣腳下捋

圖135

接上勢，重心繼續移向右腿，身體右轉約45°，成右偏馬步。同時，右掌向上、向右畫弧至右前上方，前臂外旋一小圈成立掌，指尖同肩高，掌心向右前方。左掌向下內旋一圈落於腹前，掌心向下。指尖向右。目視右掌方向。見圖135。

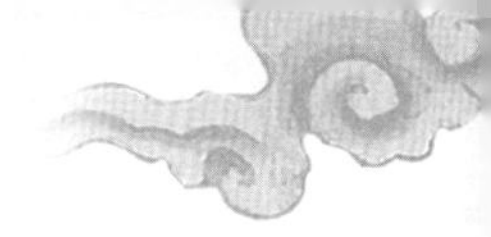

圖136

身體重心逐漸移於左腿，右腳尖內扣，隨之身體左轉。同時上掌內旋，掌心向下，兩掌向下，向左畫弧於體前，左手同胸高，右手同腹高，兩手成橫掌，掌心向外，指尖向右前方。目視右掌方向。見圖136。

【動作要點】先鬆左胯根，略轉腰，帶動手臂下捋。兩手臂的左右向下內旋掌要同時進行。

【動作呼吸】懸臂時先用吸氣，下捋時再用呼氣。

【攻防含義】用自己的手懸臂抓住對方的手背向下捋帶，使對方摔倒。

第一段

(四)白鶴亮翅

2. 擺腳右捋

圖137

接上勢，重心逐漸移於右腿，左腳尖外擺，身體右轉大約45°。同時左掌外旋，右掌內旋，兩掌心向外，指尖向左，兩掌同時向左、向上、向右畫弧，左掌至左胸前同肩高，右掌至右肩前方，稍高於肩。目視左前方。見圖137、圖138。

【動作要點】左腳尖外擺與雙掌右捋要同時運動，不要上下脫節。

【動作呼吸】擺腳右捋用吸氣。

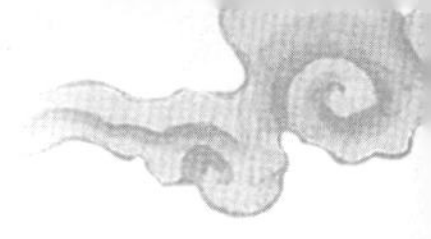

圖138

圖139

【攻防含義】當對方右拳向我胸前打來，我順勢抓住對方右臂向右捋，使對方失去重心而摔倒。見圖139。

第一段

(四)白鶴亮翅

3. 丁步合臂

圖140

接上勢，重心逐漸移於左腿，身體重心左轉。同時左臂內旋，右臂外旋，兩掌向右、向下畫弧，左手於胸前，右手於右胯側，掌心向下，指尖向右。目視左掌。見圖140。

接著，身體左轉大約45°，左腿掌著地微屈，右腳前掌擦地跟步到左腳內側，前腳掌虛點地面，左掌向左、向上畫弧內旋於胸前，掌心向右，指尖向前上方。右掌向左畫弧於腹前，掌心向左，指尖向前。目視左掌方向。見圖141。

【動作要點】丁步合臂要一致，合臂時有一個合勁，含胸拔背的勁。

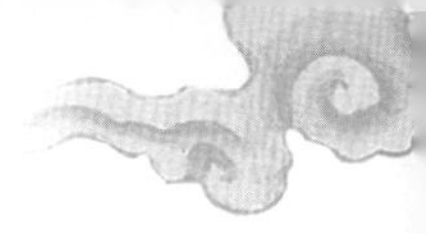

圖141

圖142

【動作呼吸】丁步合臂用呼氣。

【攻防含義】如果對方握住我右腕，左手按住我右手時，我順勢用身體左轉，提右腳向右前上步，右手順勁順纏向右下轉引，合住對方肘、腕關節。見圖142。

第一段

（四）白鶴亮翅

4. 虛步分掌

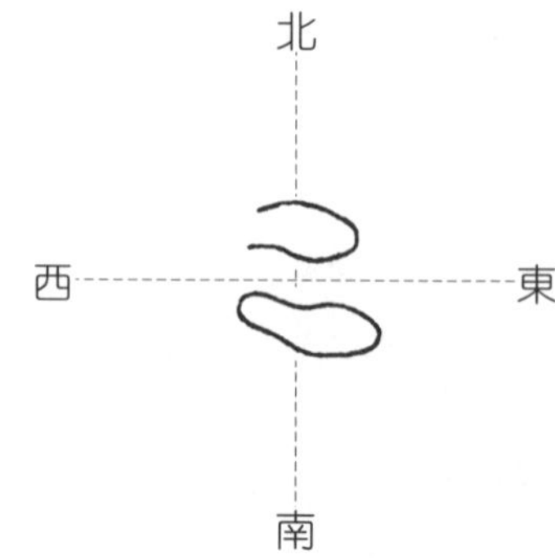

接上勢，左腿屈膝，重心稍下降，身體微左轉，右腳向右前方上一步，右掌向左，向下畫弧，同時前臂內旋，掌心向下，隨之左掌向右合至右胸前，掌心向右，指尖向上，兩掌向內合勁。目視左前下方。見圖143。

接著，重心移於右腿，膝微屈，左腳前腳掌擦地跟成左虛步，左前腳掌虛點地面，身體微右轉大約45°。同時左掌向下，向左落至左胯前側，掌心向下，指尖向前；右掌經左臂外臂外側向右、向上畫弧至右前上方，約頭上方，手心向右前方，指尖向上。目視前方。見圖144。

【動作要點】在右腳向斜前方邁步時，兩手要合臂，同時再做開臂收左腳的動作。

【動作呼吸】虛步分掌用呼氣。

【攻防含義】對方右拳向我腹部打來，我右手沾其手腕，左手沾其肘，用左右手合勁其臂並向下沉。如果對方向後撤動，我趁勢上步近身用右臂向右上方的挒勁，將對方摔出。見圖145。

【注意事項】在丁步合臂中，兩掌在體前向內合勁，要有頓挫力，同時在虛步分掌時，左掌向左、向下畫弧運行形成一個完整的「繞換」的手法。

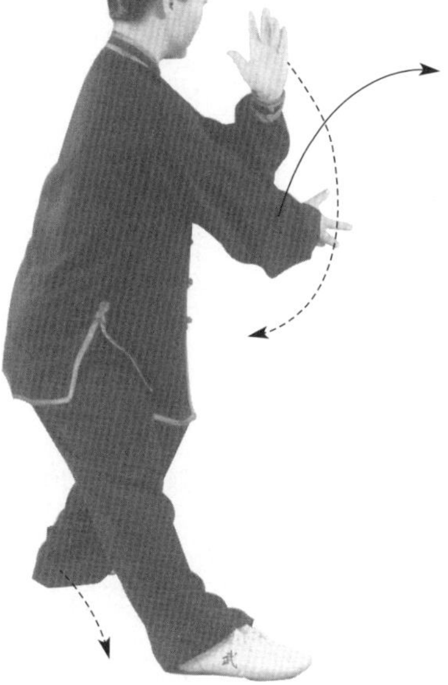

圖143

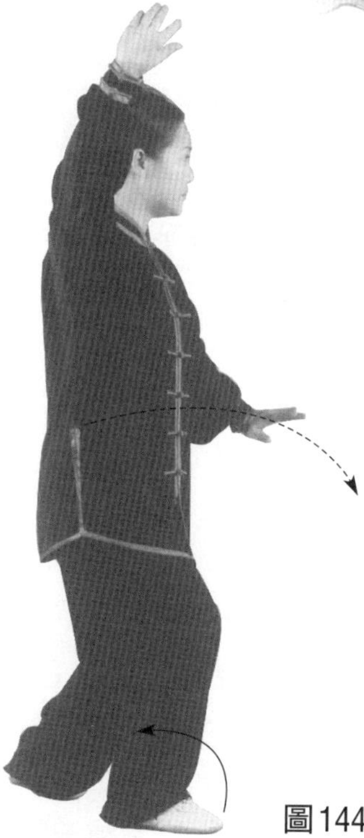

圖144

圖145

第一段

(五)斜行拗步

1. 轉腰下捋

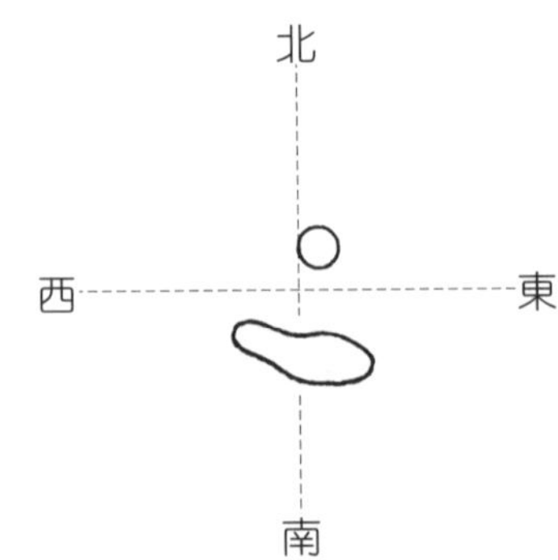

身體微左轉，重心後移，同時左腳跟踏實，右掌向下向內旋轉畫弧，掌心向前下方，指尖向前上方。左掌向後、向左畫弧，左前臂外旋，掌心向左前方，指尖向左後方。目視右掌。見圖146。

接上勢，身體右轉大約45°，隨之右腳以腳跟為軸左腳尖稍向外擺，重心全部移至右腿，左腿提起。同時右掌隨身體右轉向下，向右、向上畫弧於身體右側，掌同肩高，掌心向後下方，指尖向前下。左手由左向上、向前、向右畫弧於左肩前，掌心向前上方，指尖向左，目視左手方向。見圖147。

【動作要點】身體左轉與右掌畫弧要協調一致。透過鬆腰，兩側肌肉抽提，帶動兩臂上下繞轉。

【動作呼吸】轉腰下捋可用一吸一呼完成。

【攻防含義】對方向我進攻，我用右腳踩對方右膝關節，同時，雙手抓住對方右手腕，我用左手橫擊對方頸動脈，使其摔倒。見圖148。

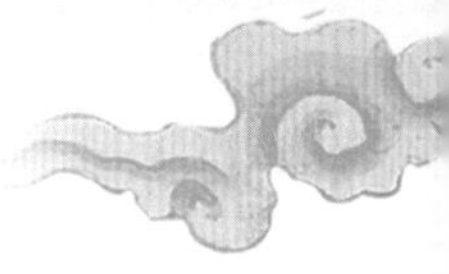

圖146

圖147

圖148

第一段

(五)斜行拗步

2. 擦步捌掌

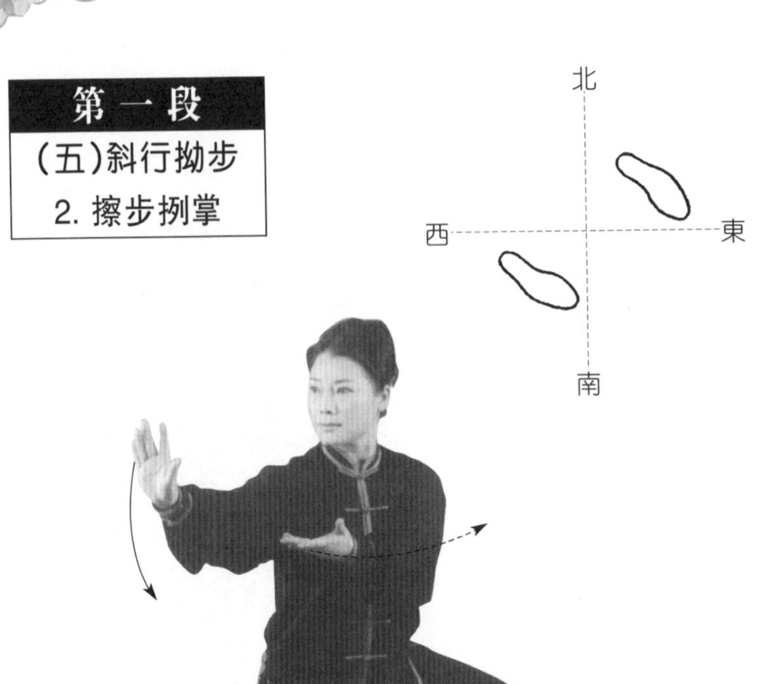

圖149

接著，左腳腳跟內側貼地向左側後方擦出，隨即左腳踏實，身體微右轉，重心偏於右腿成右弓步。同時左掌繼續向右、向下畫弧至右胸前，掌心向右前方，指尖向左上方。右掌繼續向上稍向左畫弧至右前上方。稍高於肩，掌心向右前方，指尖向左前方。目視左掌方向。見圖149。

【動作要點】擦步時用腳內側先著地，捌掌要兩臂撐圓。

【動作呼吸】擦步捌掌用呼氣。

第一段

(五)斜行拗步

3. 弓步擊掌

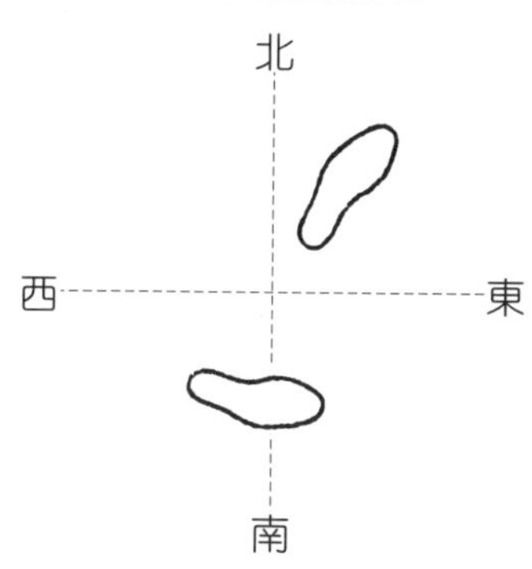

圖150

接上勢，重心後移向左腿，身體左轉；同時左掌心向下，屈臂置於胸前，隨之右臂外旋，屈臂垂肘，肘尖同胸高，掌心向左，指尖向上。目視右掌方向。見圖150。

圖151

接著，重心繼續移向左腿，身體左轉大約45°。左掌隨之向左畫弧於左胸前成橫掌，右掌向左、向前畫弧，掌心向左，指尖向上，與眉同高，右手腕貼於左手腕處，目視右掌方向。見圖151。

【動作要點】手腕旋轉到弓步擊掌要一氣呵成。

【動作呼吸】弓步擊掌用呼氣。

【攻防含義】此勢可以保護自己，也可以將對方擠出，使之失去重心。

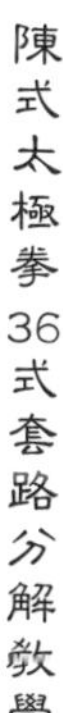

第一段

(五)斜行拗步

4. 弓步橫掌

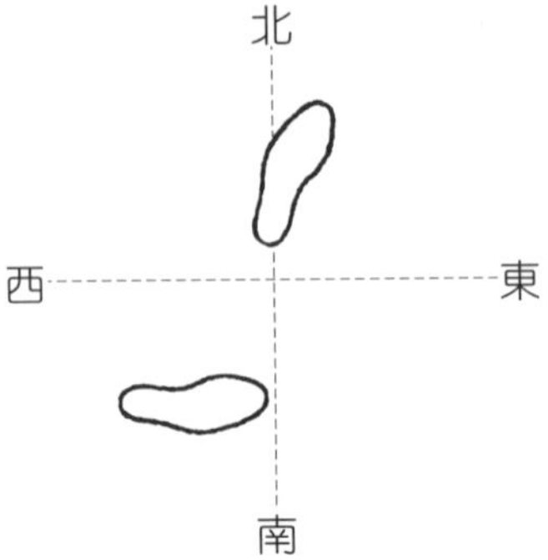

圖152

圖153

接上勢，身體微左轉，右膝內扣，同時左掌變勾。右腕放鬆，掌外旋，拇指側向上，掌根上提前凸，指尖向下鬆垂，掌心向右前方。目視右掌方向。見圖152。

接著，身體微右轉，同時右掌內旋，沉腕成橫掌，掌心向下，同胸高。目視右掌方向。見圖153。

同時，身體右轉，右膝外展，開胯，重心稍右移，同

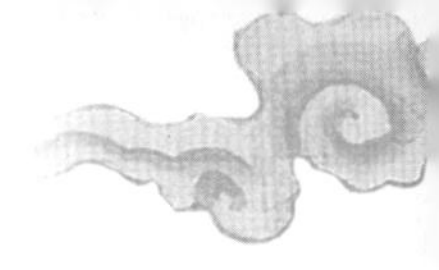

圖154

圖155

時右掌隨身體右轉向右畫弧於右側前方，掌心斜向前下方，同胸高。目視右掌。見圖154。

接著，身體微左轉，右膝微屈，重心移於左腿成弓步。同時兩臂肘尖下沉，右手外旋，坐腕成立掌，掌心向前，掌指向上，眼看右掌方向。見圖155。

【動作要點】提右腕平拉橫掌要連貫，在兩手臂下沉合臂時要坐胯斂臀。

【動作呼吸】弓步橫掌在提掌根時用吸氣，以拉橫掌坐腕成立掌時用呼氣。

【攻防含義】當對方右手向我胸部擊來，我右手沾其手臂向右，向下沉來，順勢左腳向對方身後上步，管住對方兩腳，轉身用左肩臂靠打，同時右掌擊其面部。

【注意事項】轉腰開胯，定勢合勁。

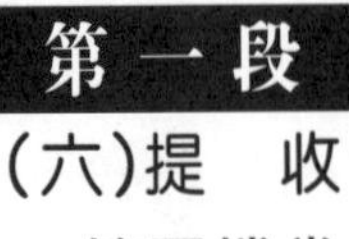

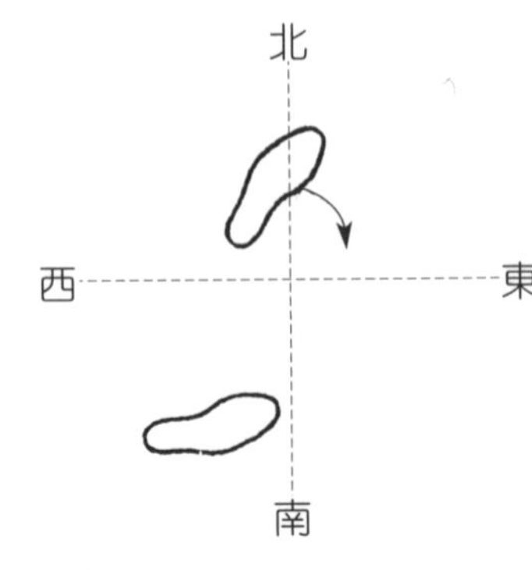

圖156

身體左轉，步型不變；右腿扣膝合胯，左勾手變掌，兩手同時逆纏，向前、向內旋插，掌心均向外，同肩高。目視左掌方向。見圖156。

【動作要點】在練習過程中，撐掌動作要圓臂外撐。

【動作呼吸】轉腰撐掌用吸氣。

第一段

(六)提　收

2. 扣腳合臂

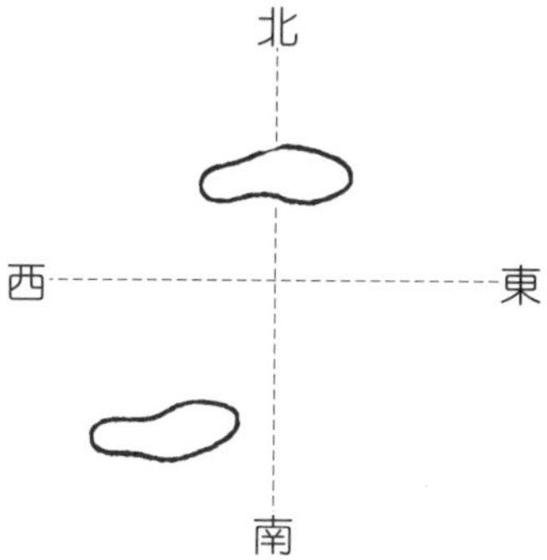

圖157

接上勢，以左腳跟為軸，重心移向右腿，左腳尖向內扣轉，身體微右轉。同時左掌外旋，向右畫弧合於左胸前，掌心向右，指尖向前。右掌外旋向下，向左畫弧合於左前臂內側下方，同腹高，掌心向左，指尖向前。目視左掌方向。見圖157。

【動作要點】扣腳合臂時，兩掌向內合勁，要有頓挫勁。欲合先拔背圓撐開。這是太極拳陰陽原理的具體表現。

【動作呼吸】合臂用呼氣。

【攻防含義】當對方雙手打來，我將對方雙手外撐，懸臂抓住對方手臂，鎖住對方肘關節合住對方。

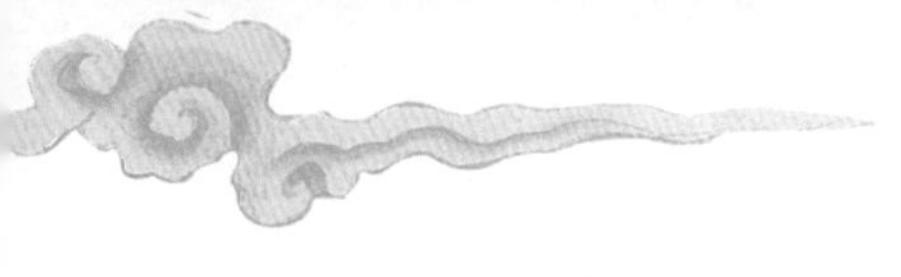

第一段

(六)提　收

3. 收腳收手

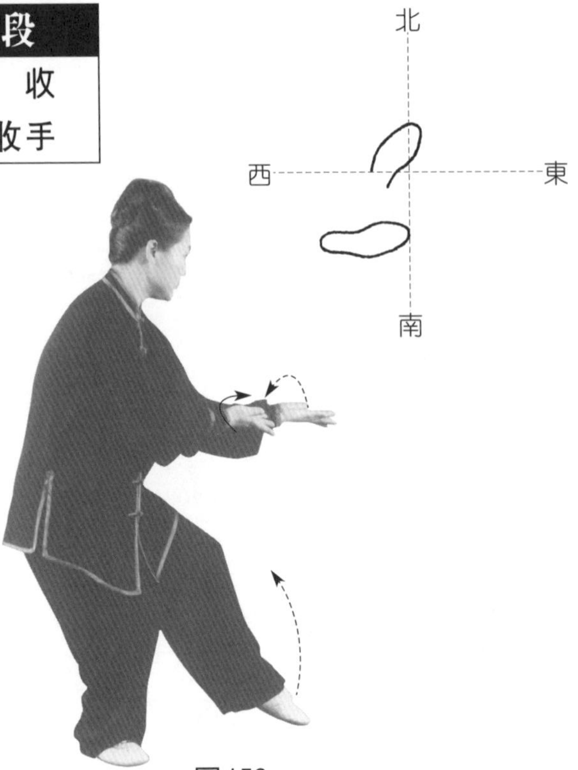

北
西
東
南

圖158

接上勢，身體稍左轉，右腿弓膝塌勁，身體重心移至右腿，右膝微蹬直，左腳向內收轉至右腳的左前側，停在右腳左前方約30公分處，腳尖虛點地面，左膝微屈，成左前虛步，同時兩手加大逆纏，掌心向上，收至腹前。左掌在前，右掌在左前臂內側，距腹約10公分。目視左掌方向。見圖158。

【動作要點】收腳收手時，兩掌外旋回收，要有纏裹勁。

【動作呼吸】收腳收手用吸氣。

第一段

(六)提　收

4. 提膝按掌

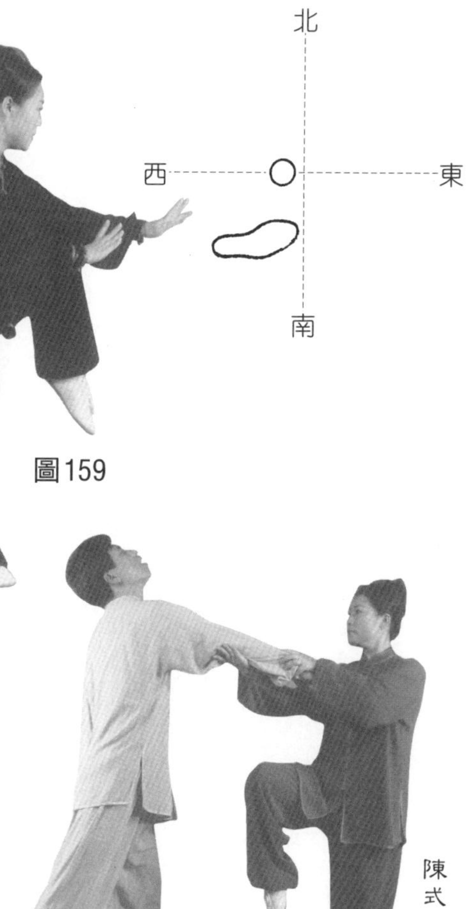

圖159

圖160

接上勢，身體重心右移，右腿蹬地。左腿屈膝上提同腹高，腳尖自然下垂。同時兩掌內旋向前下伸展，左掌在左膝前上方，掌心向下，指尖向前；右掌伸於左膝內側。目視左掌方向。見圖159。

【動作要點】提膝按掌中，兩掌向前伸展，腰脊背走一個立圓。

【動作呼吸】提膝按掌用呼氣。

【攻防含義】對方右手向我胸前打來，我順勢右手沾住其手腕，左手沾住其右肘向內合力撅其臂。當對方撤勁時，我趁勢提膝頂撞其襠部，兩掌按其胸部，將對方擊出。見圖160。

【注意事項】提膝按掌要同時進行，整個動作要協調一致。

第一段

(七)前　蹬

1. 擦步下捋

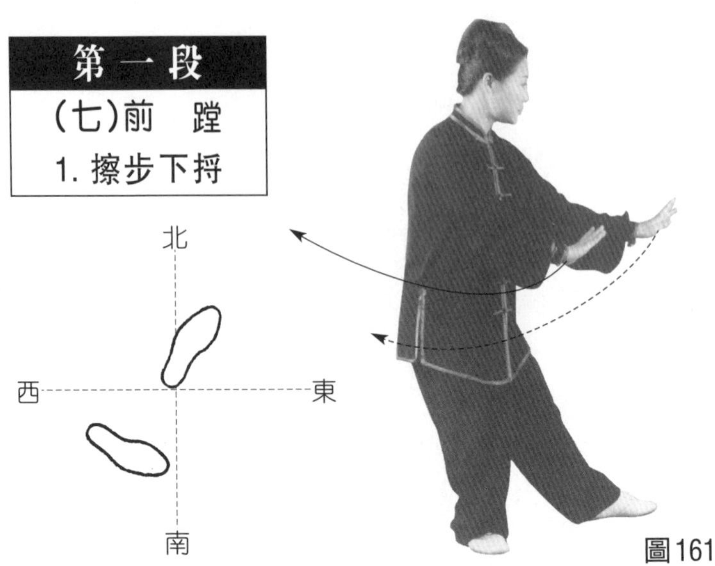

圖161

身體右轉，右腿弓膝塌勁，重心下降。隨之左腳以腳跟內側著地向左前方擦出，腳尖翹起，身體微右轉。同時兩手向下，向右捋出，右掌於右胯前，左掌於左胯前。目視右掌。見圖161。

圖162

接著，左腳踏實，身體繼續右轉，兩掌繼續向右、向上畫弧，右手同肩高，左手同胸前，兩掌心均向下。目視右掌方向。見圖162。

【動作要點】同時擦步下捋，眼隨手動。

【動作呼吸】擦步下捋用吸氣。

第一段

(七)前　蹬

2. 弓步前擠

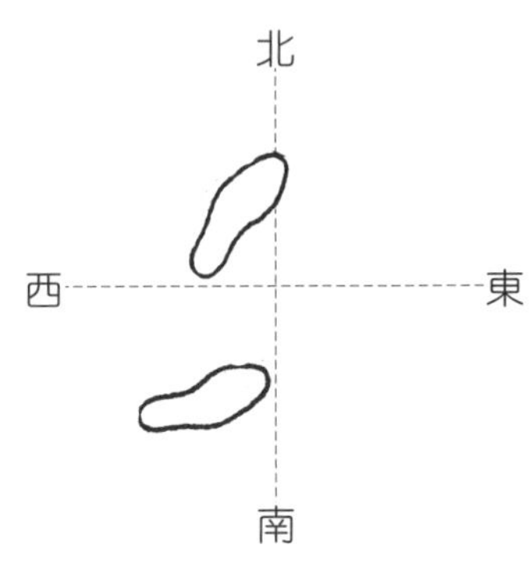

圖163

接上勢，身體左轉，左腳尖落地踏實，左腿弓實塌勁，同時左臂屈肘橫於胸前，掌心向右後方，指尖向右前方。右臂屈肘立掌，小指側向前，掌根附於左腕內側，掌心向左。目視右掌方向。見圖163。

接著，身體繼續左轉，重心移至左腿；同時兩腕相搭，隨身體左轉向前擠出，同胸高。目視右掌方向。見圖164。

圖164

【動作要點】此勢要立足於跟，在前擠手臂時，要主宰於腰，腰背形成一個弓形，要有力度。

【動作呼吸】弓步前擠用呼氣。

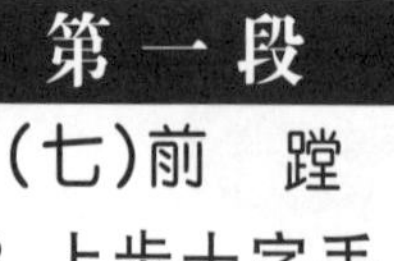

第一段
(七)前　蹚
3. 上步十字手

北
西　　東
南

圖165

接上勢，右腳經左腳內側向右前方上步；同時兩掌內旋，掌心向下。目視右手方向，見圖165。

【動作要點】上步十字手是一個過渡動作，要配合呼吸，動作連貫。

【動作呼吸】上步十字手用吸氣。

第一段
(七)前　蹚
4. 馬步分掌

接上勢，身體繼續左轉，以左腳跟為軸，腳尖外擺，隨之重心移到左腿，提起右腳經左腳內側向右前方擦出，接著重心稍移於右腿右偏馬步；同時兩臂分別向上、向左右分開成立掌，位於身體的斜前方，指尖同鼻高。目視手

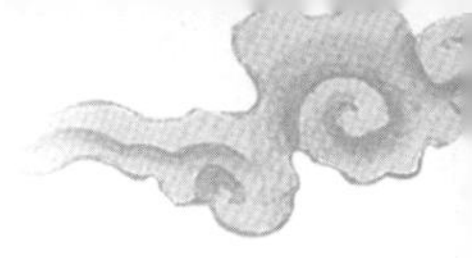

掌方向。見圖166。

【動作要點】馬步分掌形成前蹚定勢時，沉胯斂臀、沉肩垂肘與兩掌的坐腕要協調一致，要有鬆沉勁。

【動作呼吸】馬步分掌用呼氣。

【攻防含義】對方右拳向我胸前打來，我順勢用雙手黏住對方手臂，向身體右側捋化，然後用兩手臂擠打對方胸部，若對方撤步，我即上步格擋對方兩手臂再撲面。見圖167、圖168。

【注意事項】手往前，不回收，勁不丟。定勢時沉氣、背擴、臀斂、襠圓、中正。

圖166

圖167

圖168

第一段

(八)掩手肱捶

1. 震腳栽捶

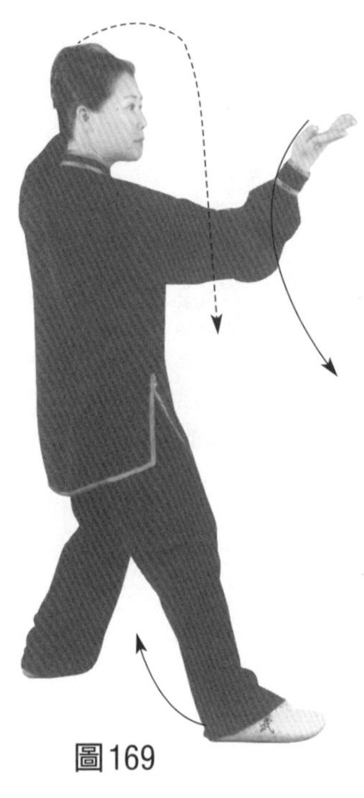

圖169

圖170

身體左轉，右腿扣膝，重心移於左腿；同時右掌外旋，掌心向上，同肩高。左掌內旋向下，向左畫弧於左前方，同胸高，掌心向左下。目視右前方。見圖169。

接著，身體迅速右轉，左腿弓步塌勁，身體重心移至左腿，隨之右腿收胯提膝，腳尖自然勾起；同時右掌由小指開始，依次屈指握拳，經右胸前由上向下屈臂下栽至腹前，拳面向下，拳眼向內。左掌向上、向右、向下畫弧附

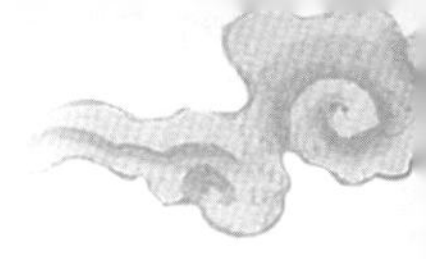

圖171　圖172

於右前臂內側，指尖向右上方。目視右拳方向。見圖170。

同時，右腿屈膝向地面踩踏震腳；接著左腳提起，腳內側貼地向左擦出踏實成馬步。目視右拳方向。見圖171、圖172。

【動作要點】右掌以小指領勁懸腕纏收。向右轉動是「回轉」的身法，動作要連貫。然後右手握拳下栽速度要快。在下栽捶時，要合膝鬆腰沉胯，含胸拔背，兩肘內裹，形成周身完整的合勁。

【動作呼吸】提膝轉身用吸氣，震腳栽捶用呼氣。

【攻防含義】這一招可以破解對方的進攻，並抓住對方手腕。

第一段

(八)掩手肱捶

2. 馬步分手

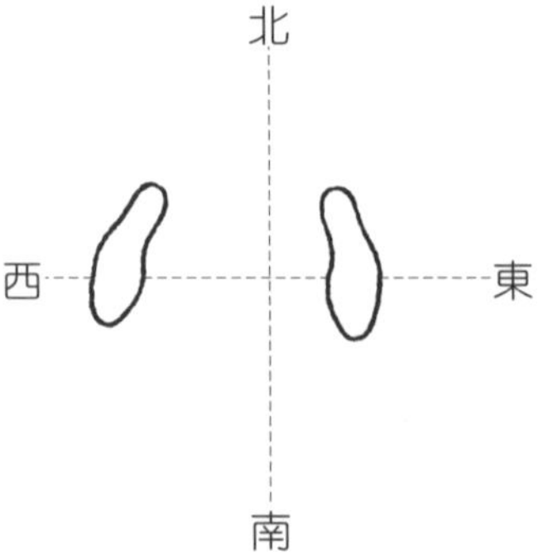

圖173

圖174

接上勢，兩腿繼續下蹲，身法不變，身體左轉，左腳尖落地踏實，屈膝成馬步，同時右拳左掌由腹前向下、向左右分開，位於兩膝前上方。目視右拳方向。見圖173、圖174。

【動作要點】馬步分手與前勢要連貫、一致。

【動作呼吸】馬步分手的過程用吸氣，形成含胸拔背、鬆腰沉胯。

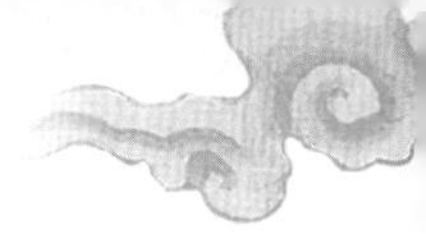

第一段

(八)掩手肱捶

3. 合臂裹拳

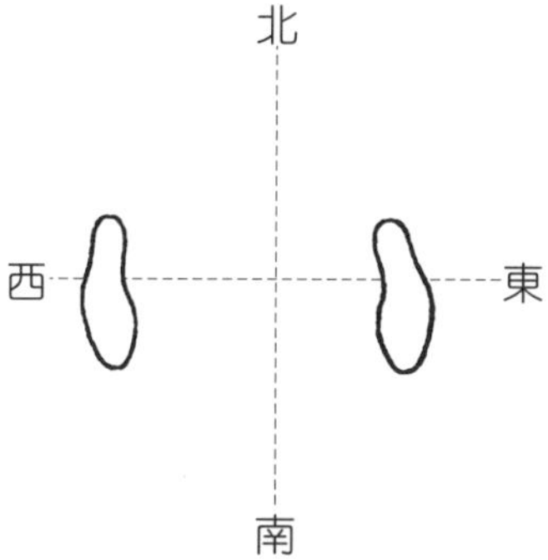

北

西　東

南

圖175

接上勢，兩腳以前腳掌為軸，腳跟稍向右擰轉，身體左轉大約45°，重心稍移於左腿成左弓步，同時兩手繼續經兩側向上畫弧並外旋，左臂微屈至左肩前方，掌心向上，左手拇指和食指伸直，餘指屈成八字掌。右臂屈肘，右手順纏向內合收於左胸前，拳心向右上方，拳眼向前，重心移到右腿。目視左手方向。見圖175。

【動作要點】此勢形成掩手肱捶定勢時，要合胯轉腰，形成周身完整的合勁。

【動作呼吸】合臂裹拳繼續用吸氣。

第一段

(八)掩手肱捶

4. 弓步發拳

圖176

圖177

接上勢，右腳蹬地合胯，身體左轉大約45°，重心迅速移向左腿。同時右拳內旋沿左前臂上方向前方擊出，拳同胸高，拳心向下。左手內旋收於腹前左側，掌心按貼腹部（手型不變）。目視右拳方向。見圖176。

【動作要點】蹬地轉腰與沖拳要一氣呵成，在前勢蓄勁的基礎上，蓄而擊發。以腰帶臂，快速抖發擊拳。

【動作呼吸】弓步發拳用呼氣。

【攻防含義】對方右拳向我胸前打來，我左臂內旋掩住其手腕，壓著對方的右臂，順勢右拳衝擊對方胸腹部。見圖177。

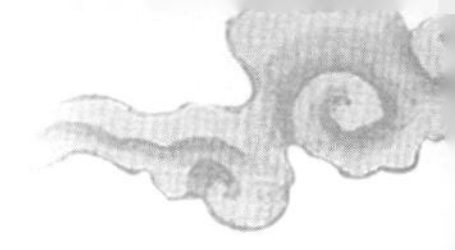

【注意事項】右拳發出與左手回收要協調一致，另外在力達右拳面後，要迅速制動，表現出手腕快速的抖彈勁。正如拳論所說，「蓄勁如張弓，發勁如放箭」「發勁專注一方」「屈中求直」「蓄而後發」，體現了剛柔相濟，快慢相兼的技術特點。表現出手臂的鬆、彈、抖、發的勁路。

第一段

(九)雙推手

1. 轉腰下捋

圖178

身體微左轉，同時右拳變掌，向下、向左畫弧落於小腹前，掌心向下。左手貼身稍向下、向左運行。目視右掌方向。見圖178。

【動作要點】此勢動作要體現出連綿不斷、剛中寓柔的銜接。

【動作呼吸】轉腰下捋用深吸氣。

第一段

(九)雙推手

2. 轉身掤臂

圖179

圖180

接上勢，身體右轉大約45°，同時右手繼續向左、向上畫弧，隨後屈臂，掌心轉向內。左手繼續向上畫弧提腕，掌心向內，在腹前左手背與右手腕內側相疊，兩手同時向右前上方掤出，同胸高。目視兩手方向。見圖179、圖180。

【動作要點】雙手向右前方掤臂時，稍微有點弧形斜向上。

【動作呼吸】轉身掤臂先吸後呼。

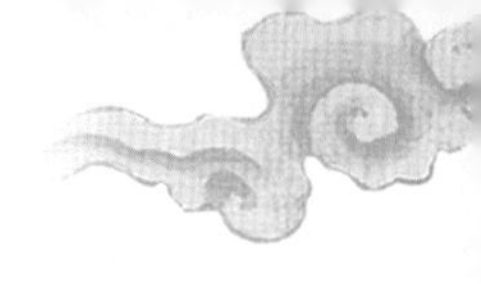

第一段

(九)雙推手

3. 上步托掌

圖181　　圖182

接上勢，身體重心稍下降，同時右前臂內旋，向右前上方伸臂直腕，掌心向前下方，指尖向右上方，同眉高。左前臂外旋，掌心向後上，掌背貼於右前臂上，指尖向右上方。目視右掌方向。見圖181。

接著，左腳尖外撇，身體左轉大約45°，重心移至左腿，右腳前腳掌擦地經左腳內側向東南方上步，全腳掌虛著地面。同時兩掌隨身體左轉向下，向左、向上托起，右掌位於身體右前方。掌同肩高，掌心向上，指尖向右前方。左掌位於身體右前方。掌同肩高，掌心向上，指尖向右前方。左掌屈腕外旋，力指側上裹，掌心向後上方，目視右掌方向。見圖182。

【動作要點】在上右步與兩掌上托要協調一致，在兩掌上托將至胸高時，要突出頓挫，然後屈臂收於胸前，這是「續換」的手法。

【動作呼吸】上步托掌用吸氣。

第一段
(九)雙推手
4. 虛步雙推掌

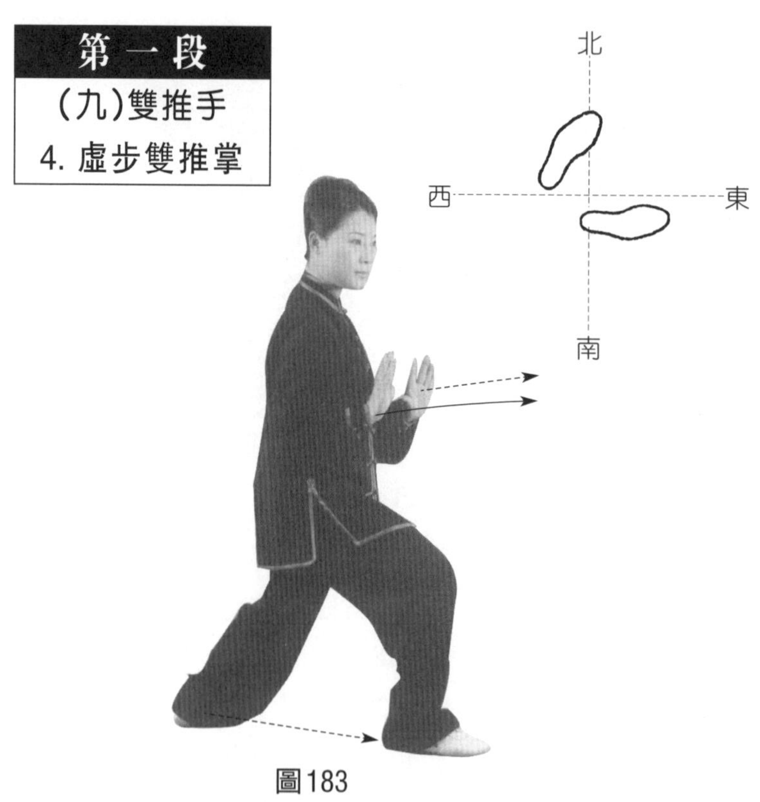

圖183

接上勢，兩腿屈膝微蹲，身體重心下降，右腳向右前方進半步，重心偏於左腿。同時兩臂屈肘內旋，兩掌收於胸前，掌心斜相對，小指側向前下方。力點在兩掌根，目視前方。見圖183。

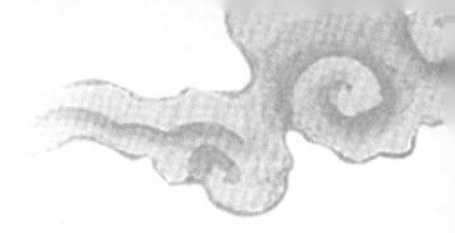

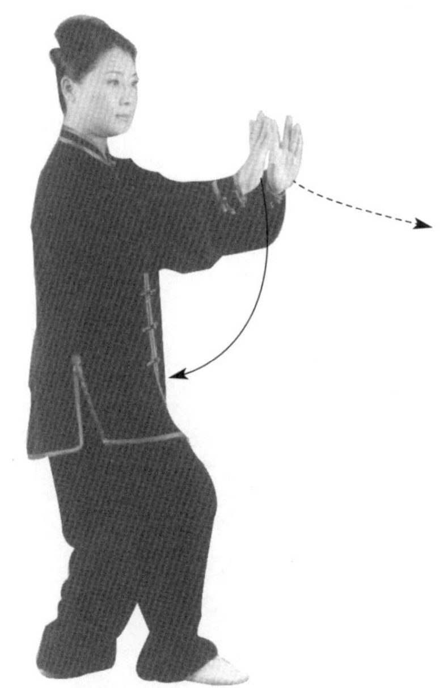

圖184

接著，身體微右轉大約45°，身體重心移至右腿，左腳前腳掌擦地前跟至右腳後側，左腳虛著地面。同時兩掌向前推出成立掌。掌心斜相對，同胸高。目視前方。見圖184。

【動作要點】雙手向前推掌的同時，先向下沉，再向前推掌。

【動作呼吸】虛步雙推掌用呼氣。

【攻防含義】當對方向我胸前打來，我順勢左手黏其手腕，右手托其肘，反撅其肘關節。當對方向後撤動時，我上步邁身，雙手推擊對方胸部。

【注意事項】在重心下移到雙手和右腳移動時要銜接好，不要有斷續的現象。後腿前擦地，雙手再向前推。

第一段

(十)肘底捶

1. 轉腰錯掌

圖185

身體微右轉，重心移於左腿，同時右手收至腰前成仰掌，指尖向左下方。左掌向前下方推按成俯掌，指尖向右前方。目視左掌方向。見圖185。

【動作要點】以腰帶動手臂，雙手隨腰的轉動進行錯掌。

【動作呼吸】轉腰錯掌先用吸氣，再用呼氣。

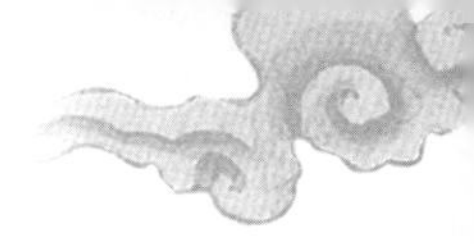

第一段

(十)肘底捶

2. 轉腰磨掌

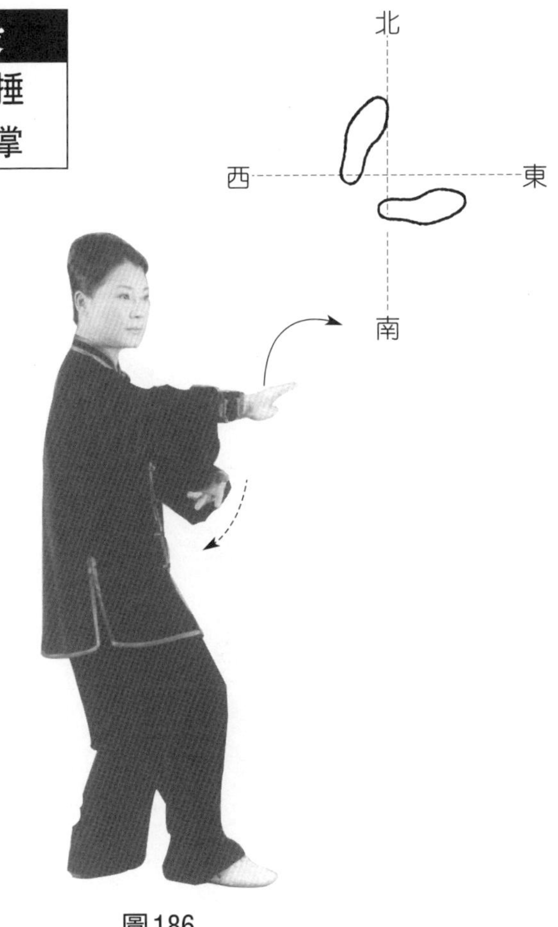

圖186

接上勢，身體左轉，重心移於右腿，同時右掌內旋成橫掌，經左前臂上方向左、向前畫弧推出，同胸高。左掌外旋，掌心向上，向右、向後、向左畫弧收於腹前。目視右掌方向。見圖186。

【動作要點】雙手的磨掌一定要隨腰的轉動而磨掌。

【動作呼吸】轉腰磨掌可用呼氣。

第一段

(十)肘底捶

3. 畫弧分掌

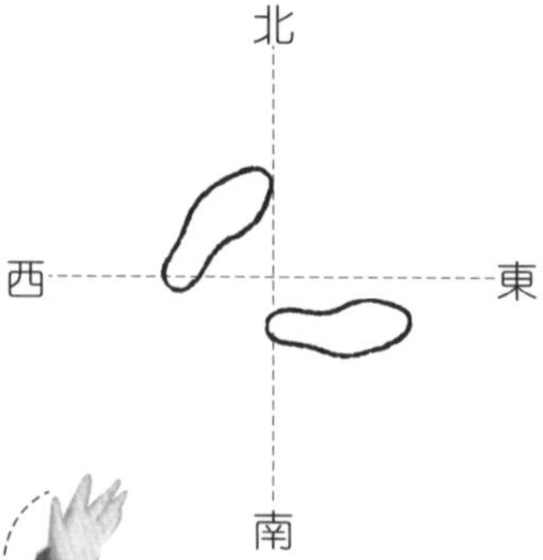

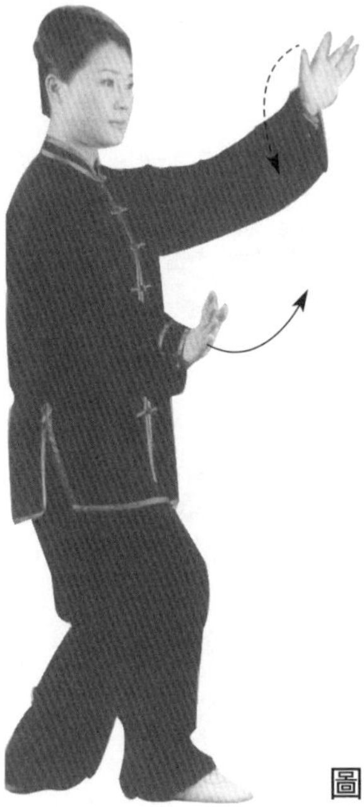

圖187

接上勢，身體微右轉；同時右掌繼續微向前、向上、向右畫弧，掌稍高於眉，掌心向外，指尖向左前方。左掌繼續向左、向下畫弧於左胯前，掌心向上，指尖向右。目視右掌方向。見圖187。

【動作要點】身體畫弧分掌，不要上下起伏，要以腰為軸，帶動手掌畫弧。

【動作呼吸】畫弧分掌用吸氣。

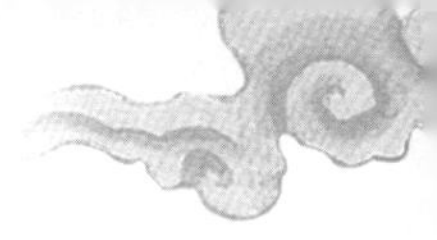

第一段

(十)肘底捶

4. 立掌握拳

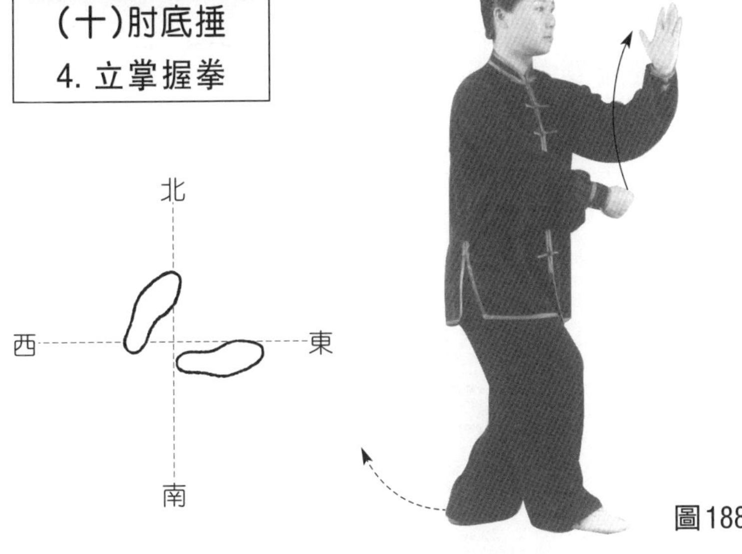

圖188

接上勢，身體重心稍下降，同時左掌繼續向左、向上、向右畫弧於身體前成立掌，掌心向右，指尖稍高於眉，臂微屈，肘尖下垂。右掌繼續向右、向下、向左畫弧，由掌變拳至左肘下，拳眼向上同腹高。目視左掌方向。見圖188。

【動作要點】在完成肘底捶定勢時，兩手內合與屈膝、收胯斂臀、含胸拔背、沉肩垂肘要協調一致，形成一個完整的合勁。

【動作呼吸】立掌握拳用呼氣。

【攻防含義】當對方向我打來，我用左臂向右格開其臂，用右拳從左肘下暗擊其肋部或胸窩。

【注意事項】此動作是在原地進行的手法動作，要注意身體的移動以腰帶臂，重心穩重，尾閭中正。

第二段

（十一）倒捲肱

1. 提步穿掌

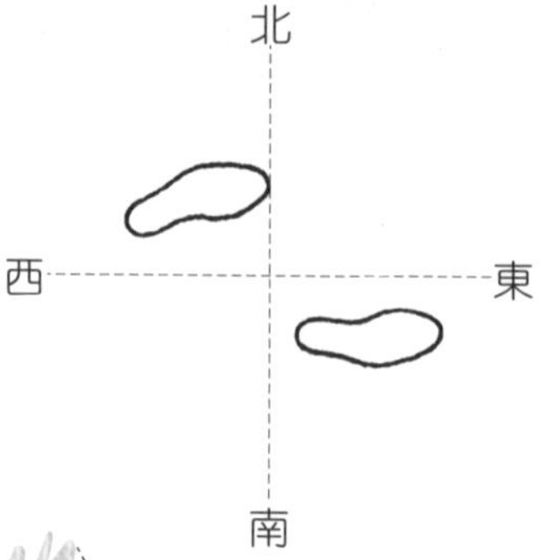

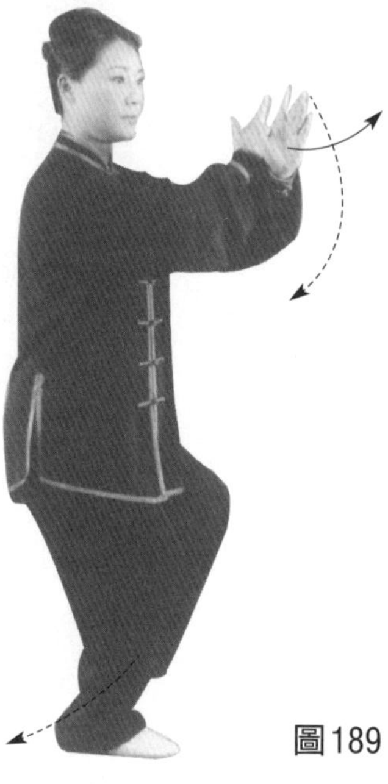

圖189

身體重心移至右腿並縮胯、屈膝下蹲隨之左腳提起勾腳尖，同時右拳外旋變掌向左手臂前上穿出，掌背輕貼於左上臂內側，掌心向後上方，指尖向左上方。左臂內旋，掌心向右前方。目視左掌方向。見圖189。

【動作要點】倒捲肱是連續開合動作，是在連續後退中完成的。提步穿掌要連貫一致。

【動作呼吸】提步穿掌用吸氣。

第二段

(十一)倒捲肱

2. 馬步分掌

北

西 東

南

圖190

圖191

接上勢，身體左轉，左腳向左後約45°方向撤步，隨之弓膝塌勁，落成右偏馬步，身體左轉大約45°，同時左順纏，畫弧落於腰前，掌心向下，指尖向右前方。隨之右掌內旋，掌心向下，經過左前臂上方向右、向上畫弧，掌同肩高，掌心向前下方，指尖向左前方。目視右掌方向。見圖190。

接著，身體左轉，右胯外展，身體重心移向左腿。同時右掌外旋向右展臂，掌同肩高，掌心向前上方，指尖向左。目視左掌。見圖191。

【動作要點】注意左腿向後撤步要向斜左後方45°撤步，同時，雙手前後伸展再同時翻掌。

【動作呼吸】馬步分掌用呼氣。

第二段

（十一）倒捲肱

3. 退步捲肱

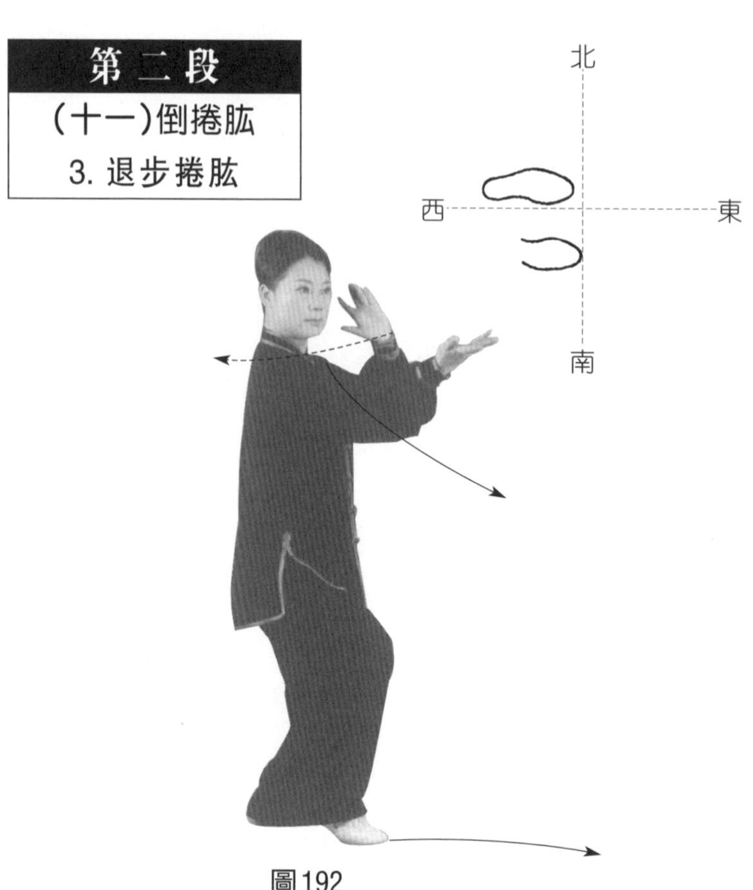

圖192

接上勢，身體右轉大約45°，重心全部移至左腿，隨之右腳稍回收。同時左臂屈肘，左掌位於面頰左側，掌心向右，指尖向後上方。右掌內旋，掌心向前下方。目視右掌方向。見圖192。

【動作要點】收左掌時沉肩、墜肘、屈腕，捲臂用腰帶動，體現出捲纏勁。倒捲肱的步法是兩腳連續後撤動作，是以「轉換步」來連接的。

【動作呼吸】此勢可一吸一呼。

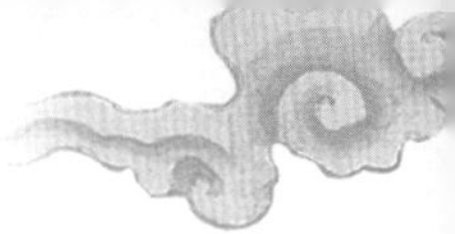

第二段

（十一）倒捲肱

4. 馬步分掌

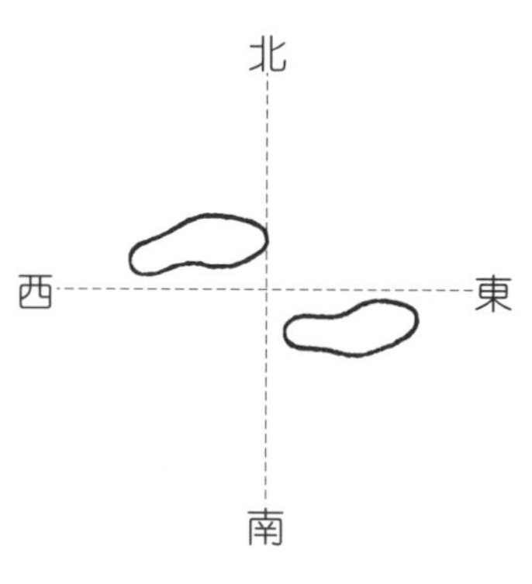

圖193

接上勢，右腳尖經過左腳內側向右後方弧形擦地撤成左偏馬步，隨之身體右轉大約45°。同時右掌向下、向後畫弧於腹前，掌心向下、指尖向左前方畫弧。左掌內旋向下，向前經右前臂上方向左、向上畫弧至左前方，掌同肩高，掌心向外，指尖向右前上方。目視右掌方向。見圖193、圖194。

圖194

【動作要點】注意左腿向後撤步要向左後方撤步，同時，雙手前後伸展再同時翻掌。

【動作呼吸】在完成上勢的呼氣同時接著用吸氣。

第二段

(十一)倒捲肱

5. 退步捲肱

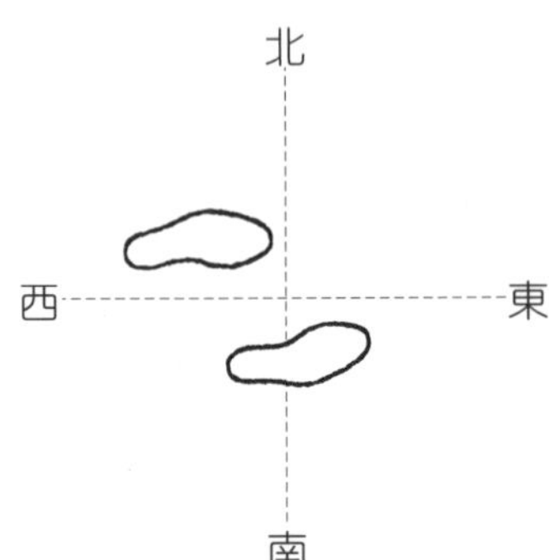

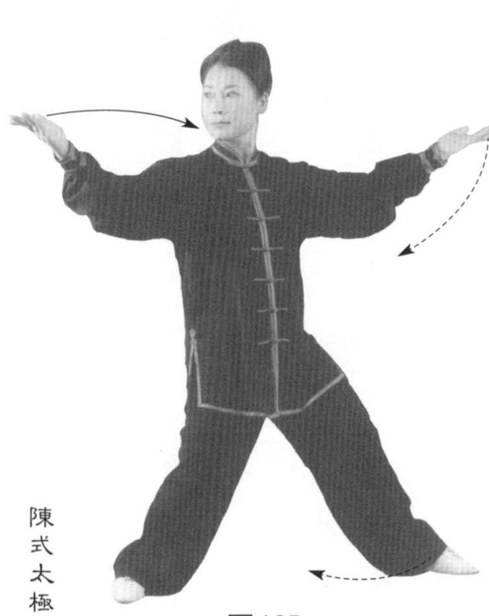

圖195

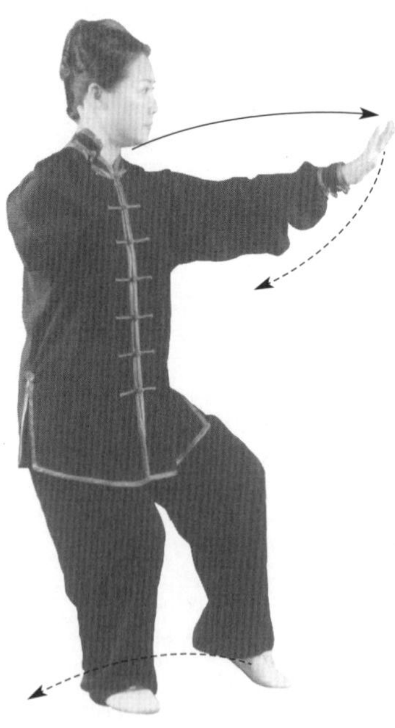

圖196

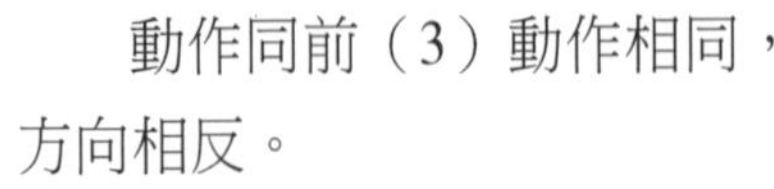

動作同前（3）動作相同，方向相反。

見圖195、圖196。

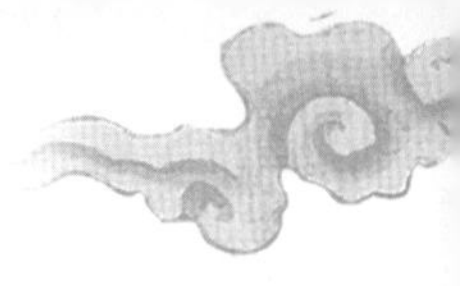

第二段

(十一)倒捲肱

6. 馬步分掌

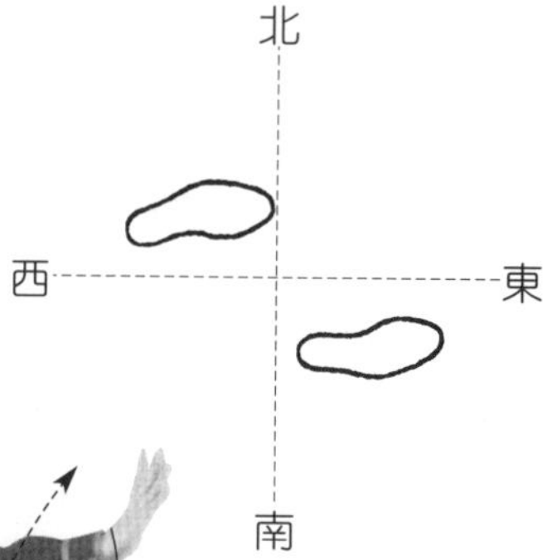

北

西

東

南

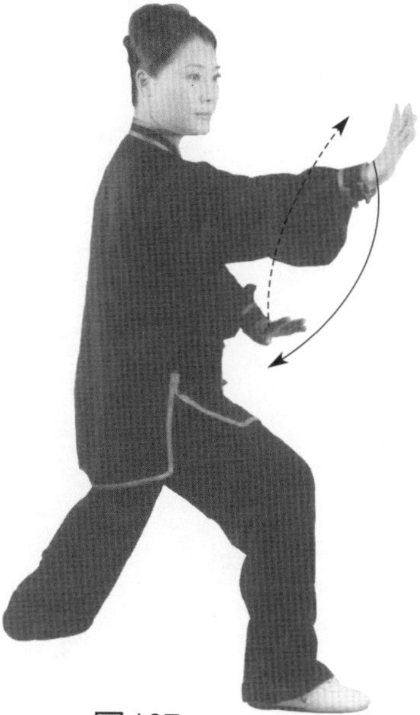

圖197

動作同前（2）動作相同，方向相反。見圖197。

【攻防含義】倒捲肱左勢的擊法，是當對方進步用左拳向我胸部打擊，我以右拳黏其手腕向下沉來。同時左腳向後撤一步以右掌向前擊其面部，右勢用法與左勢相同。

【注意事項】在向左或向右轉身帶動兩臂左右展開時，在即將完成兩臂伸展的極短距離內，要加強展臂，趁其反彈之勁迅速轉腰合胯，然後兩臂內旋回收，徐徐屈臂相合，突出本動作收展開合、快慢相間的特點。上肢要不斷地勻速運行，兩腿後移步要弧形後撤。

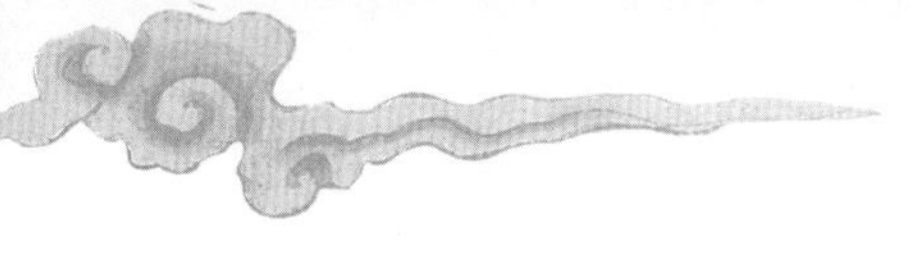

第二段

(十二)退步壓肘

1. 轉腰合臂

圖198

身體右轉大約45°，左腳內扣，合胯，重心移至右腳成右弓步。同時左手向左、向上、向前、向右畫弧外旋至左胸前，掌同鼻高，掌心向右前方，指尖向左前方。右手向右、向下、向後、向左畫弧至左肘內側下方，掌同腹高，掌心向左後側，指尖向左前方。目視左掌方向。見圖198。

【動作要點】重心前移與兩手前後的畫弧要一致。兩腳保持與腳尖同向，圓襠轉腰帶手臂。

【動作呼吸】轉腰合臂用吸氣。

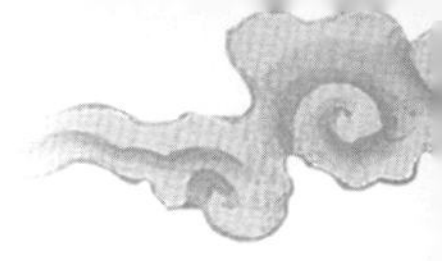

第二段

(十二)退步壓肘

2. 轉腰疊臂

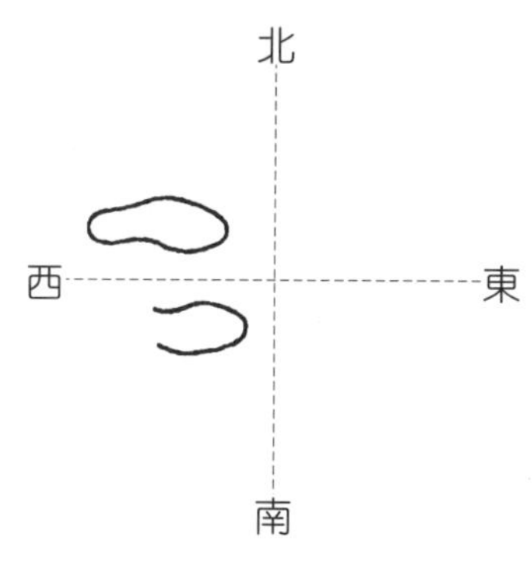

圖199

接上勢，身體左轉，同時左手內旋屈臂成橫掌，向下按於體前，同腰高。右掌內旋屈臂經左前臂內側上提，掌心向裏，同胸高。目視右掌方向。

接著，身體微右轉，重心移向左腿成左側弓步。同時左手向內、向上翻轉，右手向前、向下環抱，兩掌相互纏繞，位於胸前，左掌繞於右前臂內側，掌心向下，右掌心向內。目視右掌方向。見圖199。

【動作要點】此動作要以腰腹為中心，胸腰折疊，軀幹成螺旋勁，整體發力，右腳後蹬制動。

【動作呼吸】此勢轉腰疊臂用吸氣加一半的呼氣。

第二段

（十二）退步壓肘

3. 退步按掌

圖201

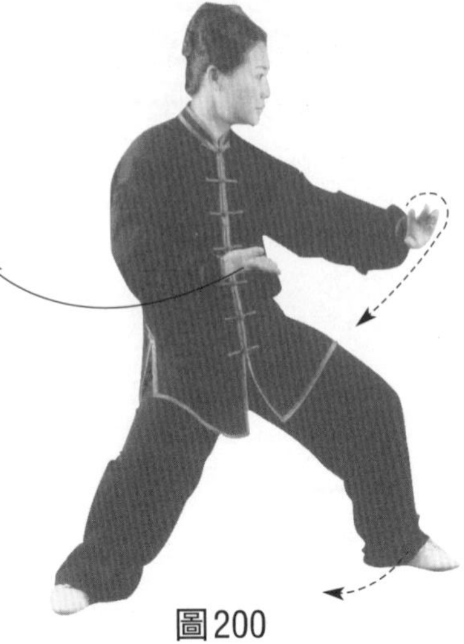

圖200

接上勢，重心移至左腿，右腳跟微抬起，腳前掌擦地經左腳內側向右後方撤一步，隨即腳跟踏地震腳，重心迅速移至右腿成左半馬步。同時右掌外旋回收於體前，同腰高，掌心向上，指尖向左前方，右臂屈肘於右腰側。左掌向左前方成橫掌迅速擊出，掌心向下，同胸高。目視左掌方向。見圖200。

【動作要點】右腳震地要有聲響，同時手臂的相錯要有一個合勁力量。

【動作呼吸】退步按掌時用呼氣。

【攻防含義】對方右手向我打擊，我用右手黏住其右腕，外旋擰其臂，用左小臂或橫掌反壓其肘關節。見圖201。

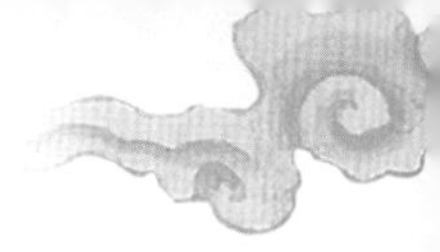

【注意事項】此動作要突出繞臂和上下發力動作上，兩臂相疊要緊湊，相距約30公分長，以達到攻擊對方的肘和腕的關節處的目的。

第二段

(十三)左、右野馬分鬃

1. 扣腳下捋

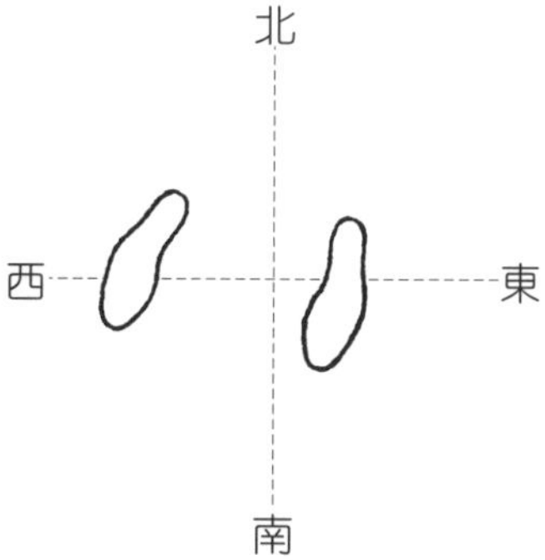

北

西　　東

南

圖202

身體重心移到右腿，左腳尖內扣，身體右轉約45°；同時右掌隨體轉向右畫弧上提於右胸前，左掌外展，向下、向右畫弧於左胯旁，掌心向下，指尖向左。目視左掌方向。見圖202。

【動作要點】上下肢保持中正，轉體以腰帶臂完成。

【動作呼吸】扣腳下捋隨著前一動繼續呼氣。

第二段

(十三)左、右野馬分鬃

2. 轉身繞臂

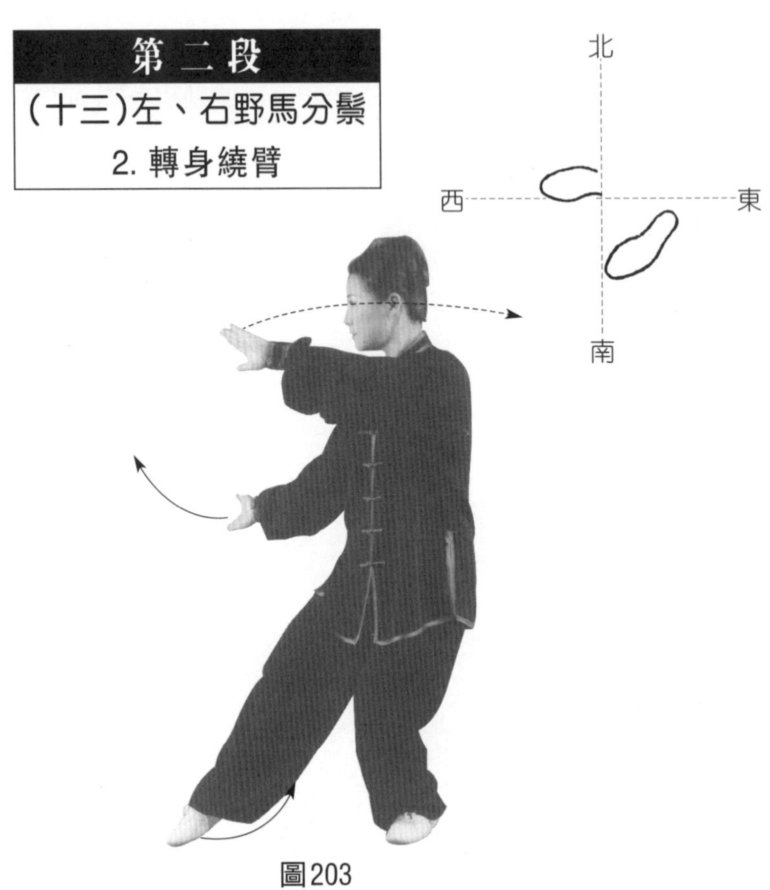

圖203

接上勢，身體繼續右轉大約45°，重心移至左腳；同時右掌內旋，向上、向右畫弧於身體右前方，稍高於肩，掌心向外，指尖向左上方。左掌內旋向右、向前畫弧於右腹，掌心向後下方，指尖向前下方。目視右掌方向。見圖203。

【動作要點】重心移到左腳形成一個虛步姿勢，左右手繞臂要上下協調。

【動作呼吸】轉身繞臂用呼氣。

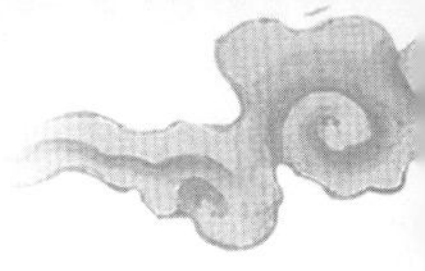

第二段

(十三)左、右野馬分鬃

3. 提膝托掌

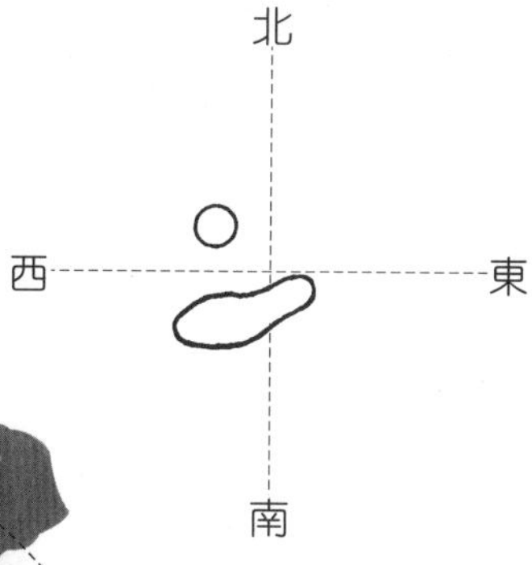

圖204

接上勢，重心移到左腿，身體左轉大約45°，隨之右腿屈膝提起，膝同腰高，腳尖自然勾起成左獨立步。同時右掌外旋，向右、向後、向下，向前畫弧於右膝外側，掌心向右上方，指尖向右下方，向右前上方托起，臂成弧形。左掌內旋，向上、向左畫弧至身體左側，掌稍高於肩，掌心向外，指尖向右前方。目視右手方向。見圖204。

【動作要點】提膝與同側手由下向上畫弧托掌要協調一致。

【動作呼吸】提膝托掌用吸氣。

第二段

(十三)左、右野馬分鬃

4. 馬步穿掌

圖205

接上勢，左腿屈膝，重心下降，右腳向前方下落，以腳跟內側貼地向前方擦出，接著，腳尖落地，隨之屈膝前弓。重心前移成右偏馬步。同時右臂屈肘，右掌向右上方托起與肩同高。左掌稍下落，掌心向外。目視右掌方向。見圖205。

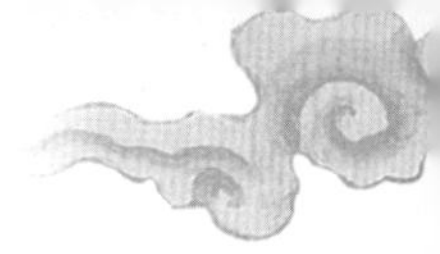

圖206

【動作要點】在提膝單腿支撐和進步落腳時，身體要保持中正。

【動作呼吸】馬步穿掌用呼氣。

【攻防含義】野馬分鬃右式的擊法是當對方左拳向我胸部打來時，我趁勢用左手由下向上黏其腕，向我左後方捋帶，然後我右腳向對方腿後上步管其腳，近身用右肩臂穿至其腋下，靠摔對方。左式擊法與右式道理相同。見圖206。

第二段

(十三)左、右野馬分鬃

5. 擺腳翻掌

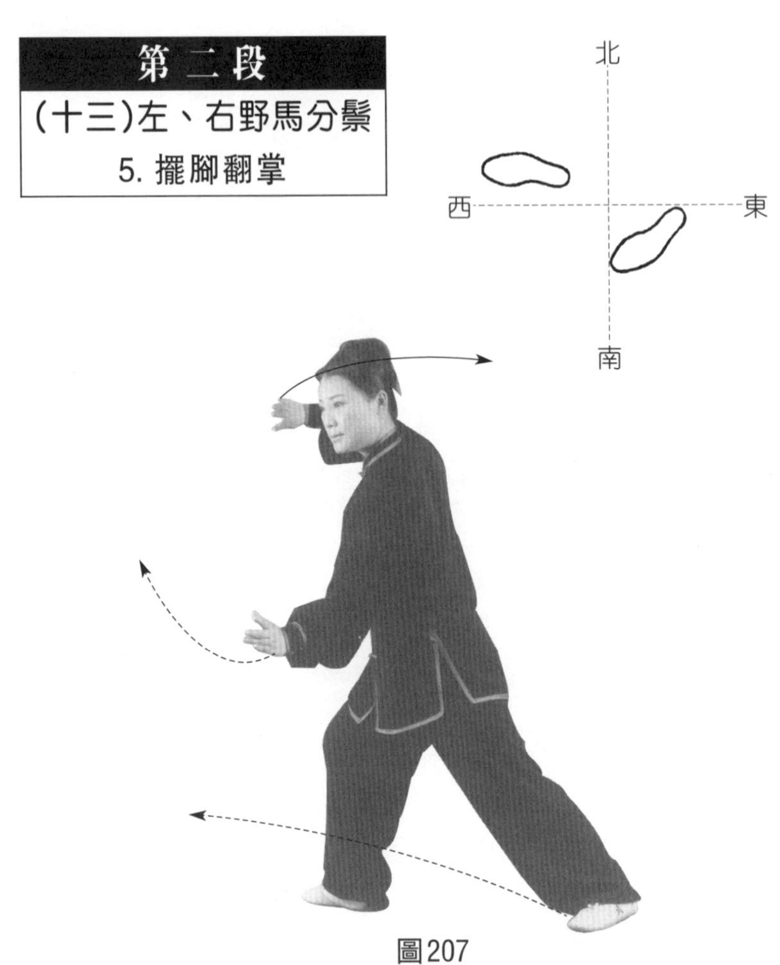

圖207

接上勢，右腳以腳跟為軸，腳尖外擺，身體右轉，同時右掌內旋，向右畫弧於身體右前方，掌稍高於肩，掌心向外，指尖向左。左掌開始向左、向下、向前畫弧於左胯側。目視前方。見圖207。

【動作要點】注意身體不要起伏，保持中正。

【動作呼吸】擺腳翻掌用吸氣。

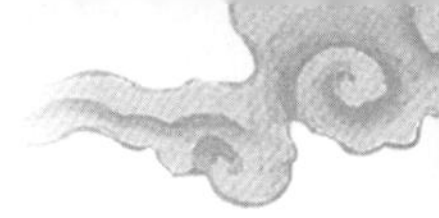

第二段

(十三)左、右野馬分鬃

6. 重心前移

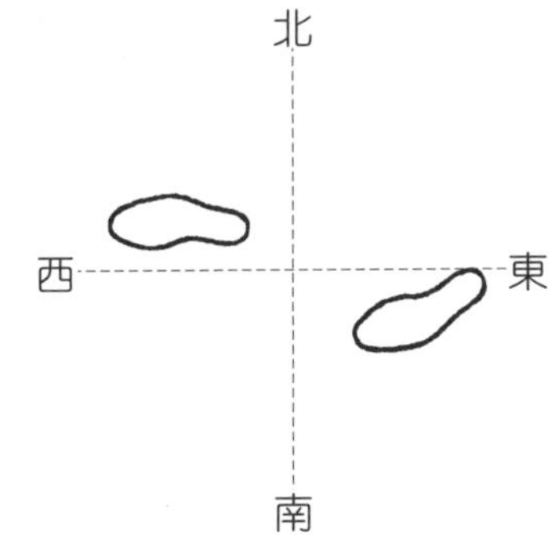

圖208

接上勢，左腿自然伸直，重心移向右腿並屈膝；同時右掌繼續向右畫弧，左掌繼續向下、向前畫弧。目視左手方向。見圖208。

【動作要點】以腰的力量帶動手臂的前移繞動。

【動作呼吸】此勢隨上勢由呼氣轉為吸氣。

第二段

(十三)左、右野馬分鬃

7. 提膝托掌

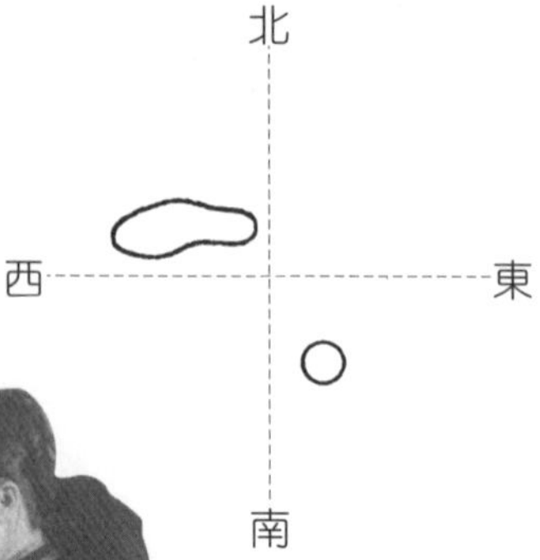

北

西　東

南

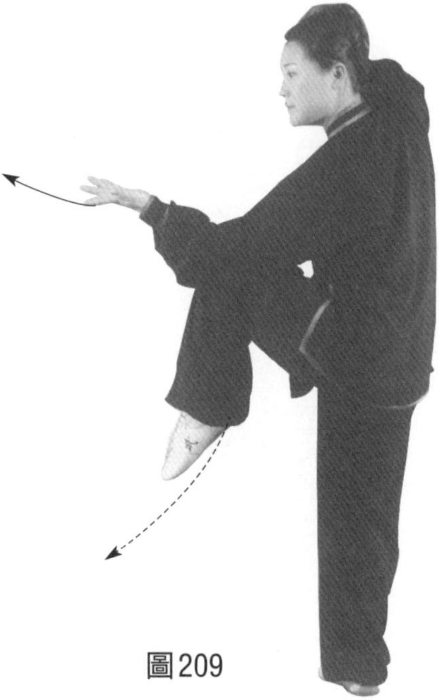

圖209

接上勢，身體重心移至右腿，身體右轉，左腿屈膝提起，膝同腰高，腳尖自然勾起，成右獨立步。同時左掌外旋，向前、向上畫弧於左膝外側，掌心向左上，指尖向左下方。右掌向右、向後畫弧至身體右前方，掌稍高於肩，掌心向外，指尖向左前方。眼看左前方。見圖209。

【動作要點】提膝托掌保持身體中正。

【動作呼吸】此勢用吸氣。

第二段

(十三)左、右野馬分鬃

8. 馬步穿掌

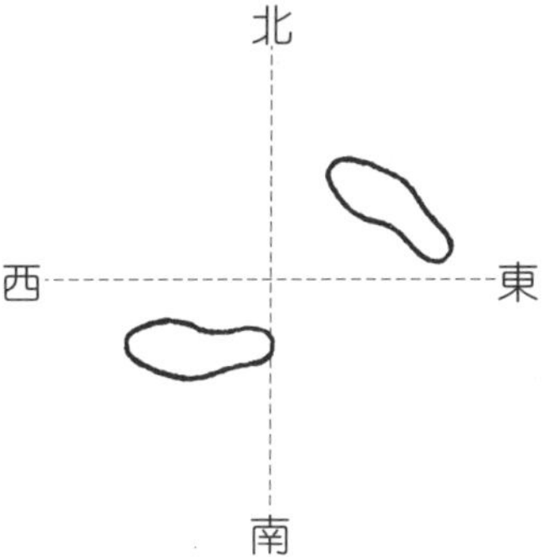

北
西
東
南

圖210

接上勢，右腿屈膝，重心下降，左腳向前方下落，腳跟著地向前擦步，腳掌踏實。重心移向左腿成偏馬步。同時左臂屈肘，左掌向左上托起，同時與肩高。右掌稍下落，掌心向外。目視左掌方向。見圖210。

【注意事項】這個動作是穿掌的過程，注意腰脊轉動帶動兩臂連續繞轉，左右手臂的動作上下銜接要配合好。

第二段

(十四)左、右金雞獨立

1. 弓步踏掌

圖211

身體重心先向左再向右微移；身體隨之先向左再向右微轉；同時兩手屈臂，兩掌向左、向後、向右轉畫弧至兩肩上方，兩掌心均向前上方，指尖向後上方。目視左前方。見圖211。

接著，重心繼續移向右腿，身體右轉，同時左掌繼續稍向右、向下畫弧於右肩前。掌心向右前方，指尖向右上方。右掌繼續向右、向前畫弧，掌稍高於肩，掌心向前上方，指尖向後上方。目視右前方。見圖212。

接上勢，右腳蹬地，右腿扣膝，合胯，隨之身體迅速左移，重心移至左腿成左弓步；同時兩手迅速向右、向

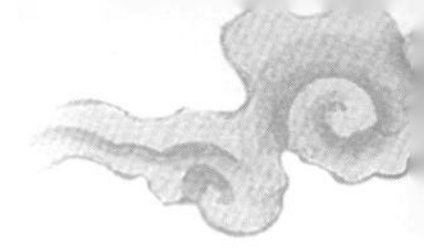

圖212

圖213

下、向左畫弧按掌，左掌至左腹前，掌心向前下方，指尖向右前方。右掌畫至右膝旁，掌心向前下方，指尖向右前方。目視右前下方。見圖213。

【動作要點】弓步踏掌的分解動作，身體先向左，再向右，又向左轉動用的是「回轉」身法。身體迅速左轉和兩掌迅速下按時，形成一個頓挫反彈勁，然後鬆沉其勁，再向前上方運行，這裏用的是「續接」手法。形成獨立左弓步時，兩臂從上到下，氣下沉，頭頂懸，形成一個對拉勁，使動作既挺拔又含蓄。

【動作呼吸】弓步踏掌可以先吸氣再呼氣。

第二段

(十四)左、右金雞獨立

2. 轉身右捋

圖214

接上勢，重心繼續移向左腿，身體左轉。同時兩掌向左、向前、向上方畫弧，左掌同肩高，掌心向外，指尖向右前方。右掌同腰高，掌心向左前方，指尖向右前方。目視左掌方向。見圖214。

接著，重心移向右腿，身體微右轉。同時左掌外旋直腕，掌同肩高，掌心向右前方，指尖向左前方。右掌內旋，向左上方畫弧於左前臂內側，掌心向前下方，指尖向

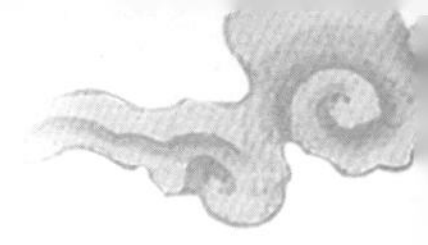

圖215

左前方。目視左掌方向。

同時，重心繼續移至右腿，身體右轉約45°。同時兩掌隨之向左畫弧，左臂屈肘收於胸前，掌心向右前方，指尖向左前方。右掌平移至身體右前方，稍高於肩，掌心向外，指尖向左前方。目視左掌方向。見圖215。

【動作要點】在轉身右捋時，身體迅速左轉和兩掌迅速下按，形成一個頓挫反彈勁，然後鬆沉其勁，再向前上方徐徐運行。

【動作呼吸】轉身右捋用吸氣。

第二段

(十四)左、右金雞獨立

3. 轉身左捋

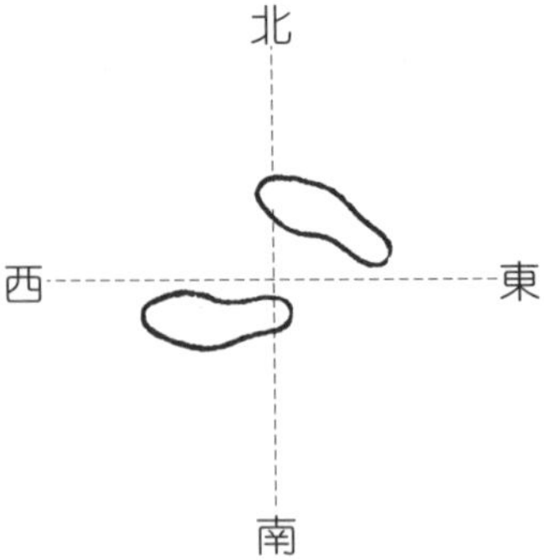

北
西　　東
南

圖216

接上勢，重心移向左腿，身體左轉約45°。同時兩掌繼續向右、向下、向左畫弧，左掌運行至體前，同腹高。掌心向下、指尖向右前方。右掌置於身體右後方，同腰高，掌心向下，指尖向右前方。目視左掌方向。見圖216。

【動作要點】兩手臂隨著重心的左右移動，先向左再向右捋，保持重心穩定，不要搖晃。

【動作呼吸】轉身左捋可用呼氣。

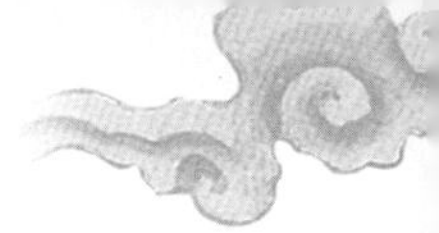

第二段

(十四)左、右金雞獨立

4. 丁步收掌

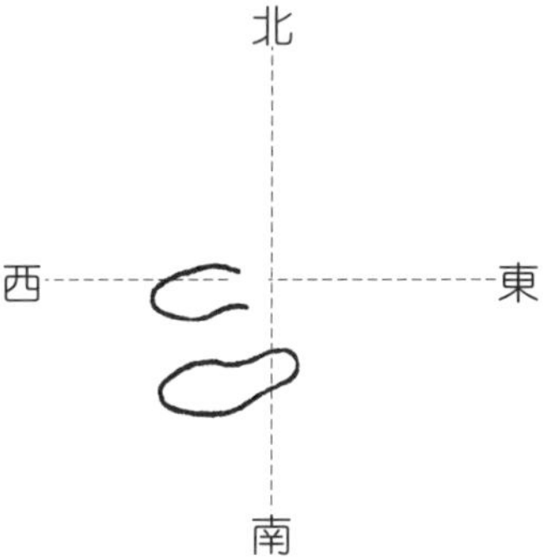

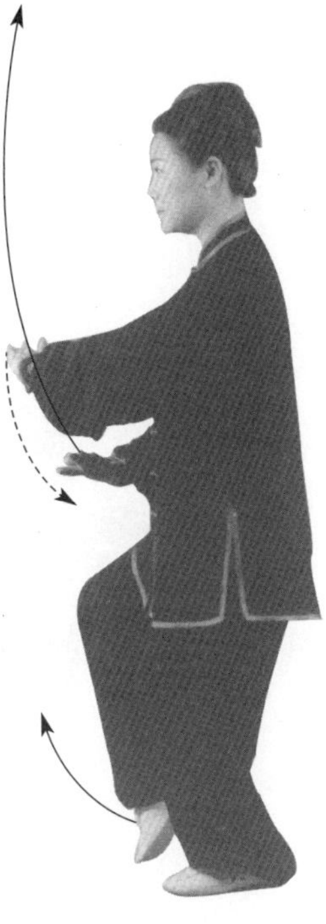

圖217

接上勢，重心繼續移至左腿，身體左轉大約45°，隨之右腳前掌擦地到左腳跟內側，虛著地面，腳跟稍提。同時左後掌隨身體左轉稍向前移，掌心向前下方，指尖向右。右掌向下、向左、向前畫弧至右胯側，小指側輕貼身體掌心向上。指尖向前。日視左前方。見圖217。

【動作要點】注意此勢的虛靈頂勁。

【動作呼吸】丁步收掌用吸氣。

第二段

(十四)左、右金雞獨立

5. 提膝上穿掌

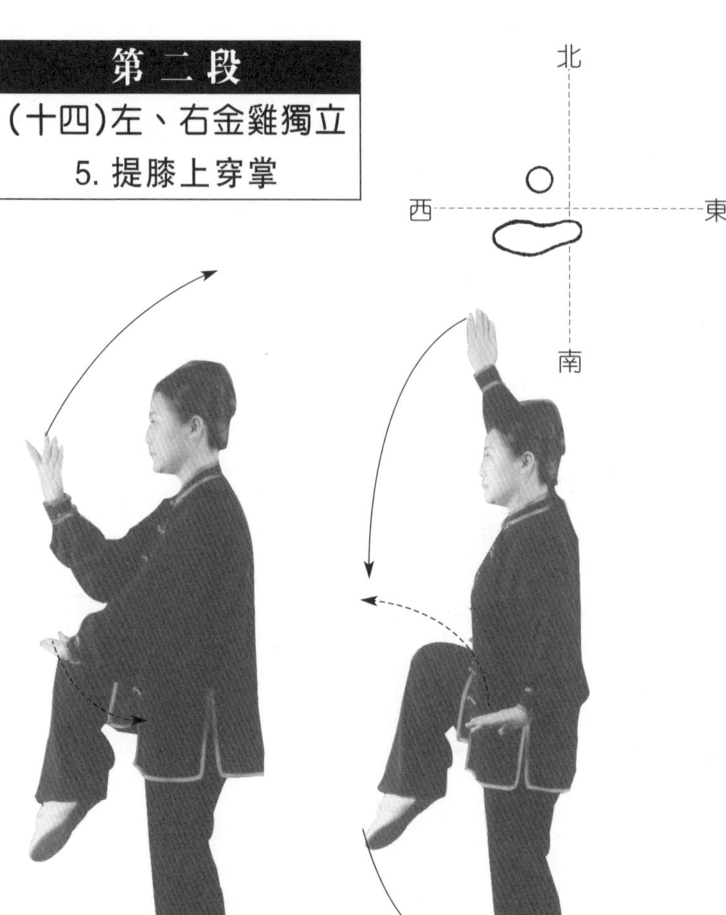

圖218 圖219

接上勢，重心全部移至左腿，左腿微屈，右腿屈膝提起，膝同腹高，腳尖自然下垂。同時右掌向左、向前經過左前臂內側向上穿出，經面前時，右前臂內旋向右上方展臂，掌心向右，指尖向上。左掌向下、向左按於左胯旁，掌心向下，指尖向前。目視前方。見圖218、圖219。

圖220

【動作要點】提膝上穿掌在形成獨立式時，兩臂上下分展，氣下沉，頭頂懸，形成上下對拉勁，使動作既挺拔又含蓄。

【動作呼吸】此勢用呼氣。

【攻防含義】左獨立式的擊法是當對方右拳打我左肋部時，我用左手扳其臂，然後提左膝頂撞其襠部，右掌穿擊其咽喉。見圖220。

此式擊法與左式相同。

第二段

(十四)左、右金雞獨立

6. 震腳按摩

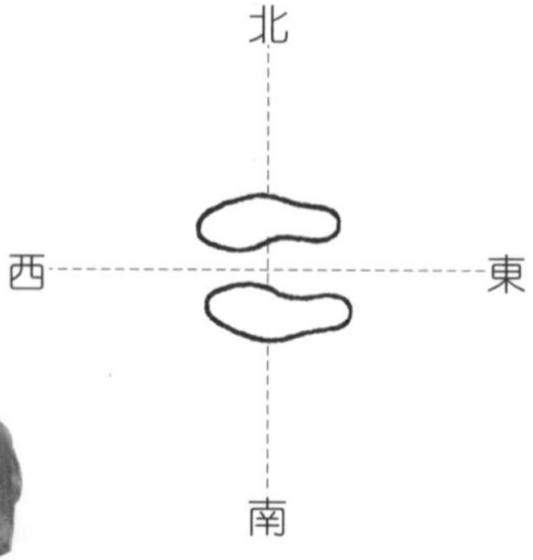

北
西
東
南

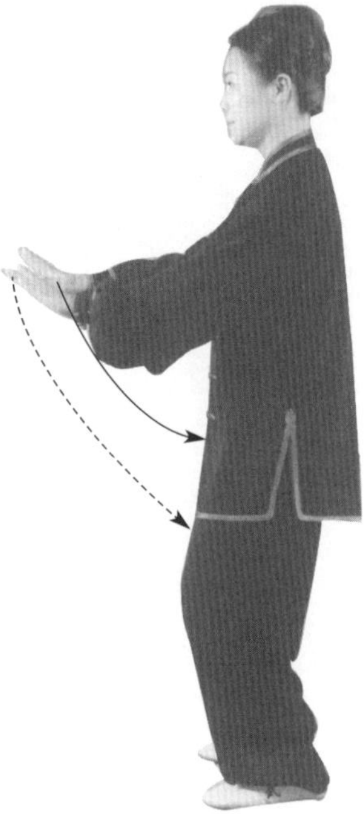

圖221

接上勢，左腿屈膝下蹲，右腿屈膝下落，右腳在左腳內側輕輕踏地，兩腳相距10公分左右。同時右掌隨右腳下踏按至右胯前，左掌稍抬起與右掌同時向前下按，兩掌心都向下，指尖向前。目視前下方。見圖221。

【動作要點】右腳踏地猶如單震腳，重心在左推上。

【動作呼吸】在雙手上下相合時可先吸氣，到震腳按掌時用呼氣。

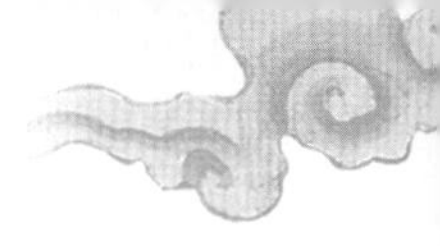

第二段

(十四)左、右金雞獨立

7. 擦腳左推

接上勢，身體微右轉，重心移於左腿。同時兩掌隨體轉向下、向右畫弧，掌心向後下方，指尖向前下方。目視右掌方向。見圖222。

圖222

接著，身體左轉大約45°，重心移至左腿後繼續下蹲，右腳向右橫跨一步。同時兩臂微屈，左掌內旋，右掌外旋，兩掌同時向上、向左畫弧，左掌伸於身體左前方。同肩高，掌心向左前方，指尖向右前方；右掌於胸前，掌心向左前方，指尖向右前方。目視右掌方向。見圖223。

圖223

【動作要點】雙手在左推前先向右畫弧再做左推掌。

【動作呼吸】擦腳左推用呼氣。

第二段

(十四)左、右金雞獨立

8. 丁步收掌

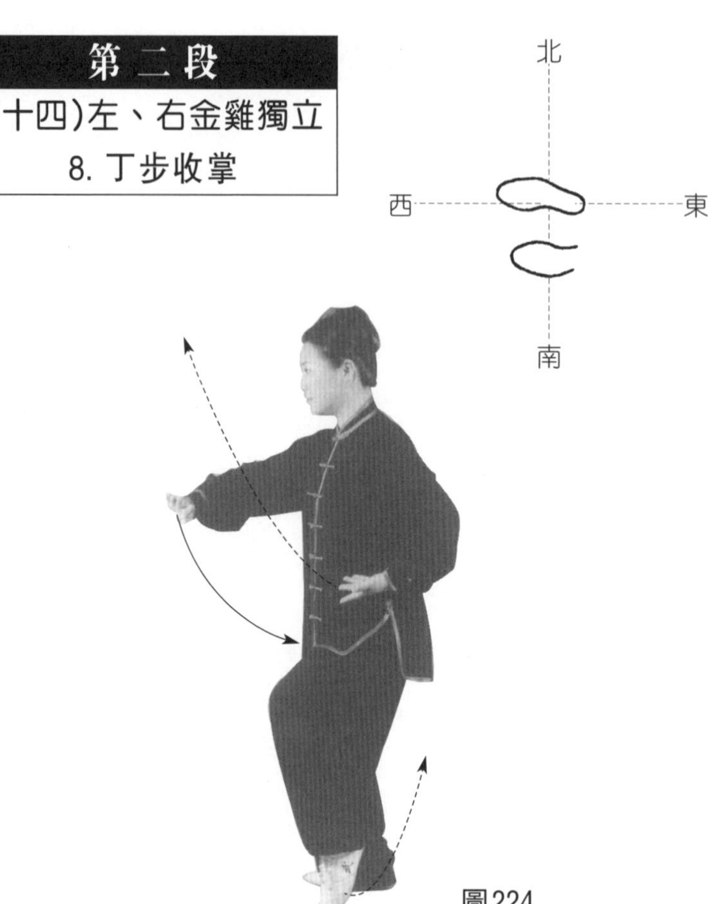

圖224

接上勢，重心右移，右腿微屈，身體微右轉大約45°，隨之左腳前腳掌擦地收至右腳內側並虛點地面，左腿微屈。同樣左掌向下、向左、向右畫弧收至左胯旁，掌心向上，指尖向前；右掌向下、向右畫弧按至體前成橫掌，同腰高。目視右掌方向。見圖224。

【動作要點】丁步收掌要同時進行。上下肢協調一致。

【動作呼吸】丁步收掌用吸氣。

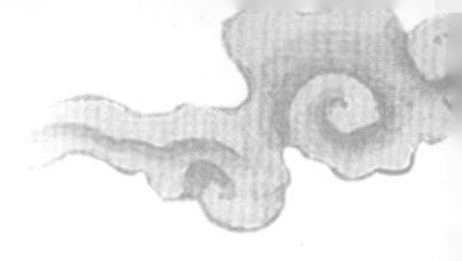

第二段

(十四)左、右金雞獨立

9. 提膝上穿掌

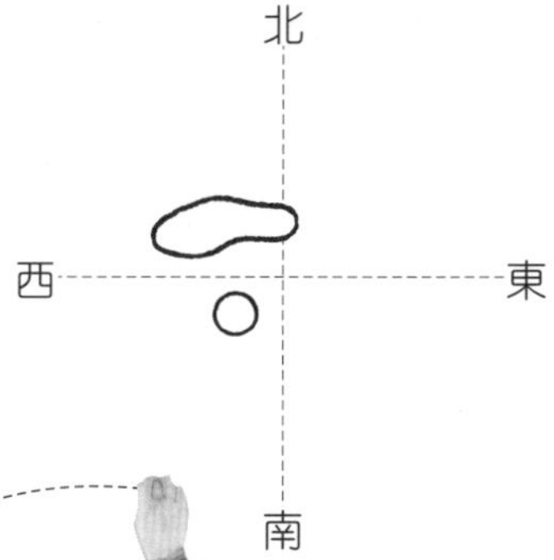

北
西
東
南

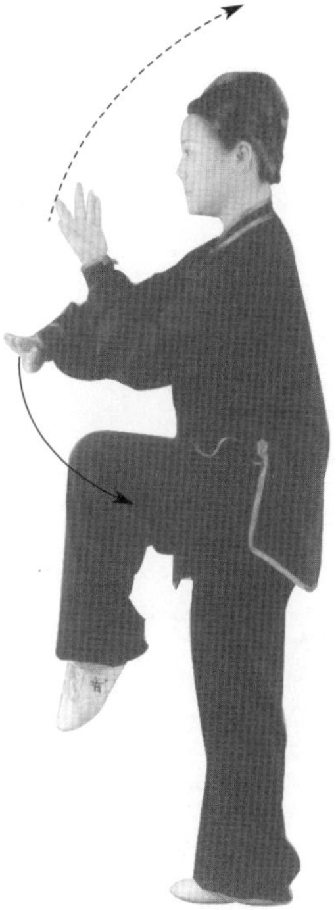

圖225

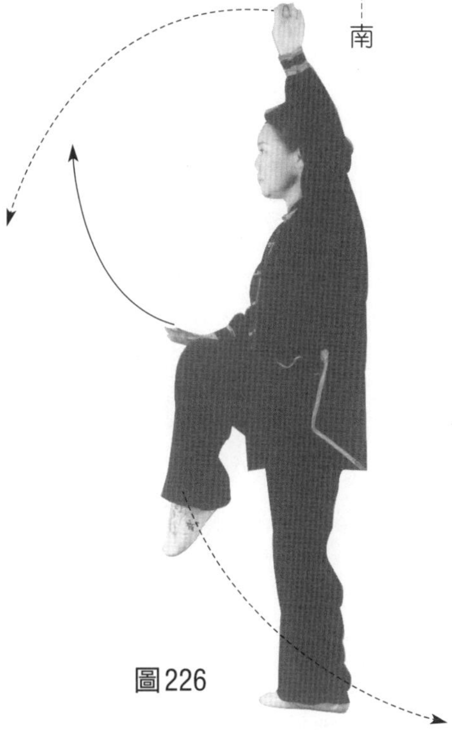

圖226

提膝上穿掌與（5）提膝上穿掌相同，唯左右相反。見圖225、圖226。

【注意事項】在做此動作時的提膝上穿掌有一個上下對拔之力。手臂上穿時要外旋上升，形成一種螺旋勁。兩掌分別上下螺旋穿按掌。

第二段

(十五)右六封四閉

1. 撤步穿掌

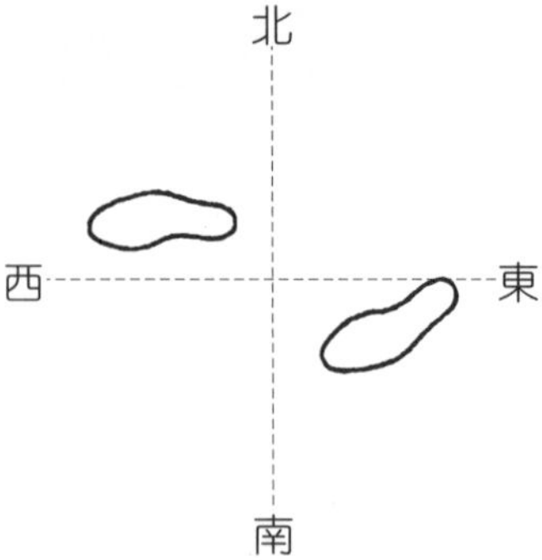

北
西
東
南

圖227

右腿屈膝下蹲，隨之左腳後落成右弓步，同時左掌外旋下落於體前，掌與肩同高，掌心向後上方，指尖向前上方。右掌經左掌心向前上方穿出，掌同頭高，掌心向前下方，指尖向前上方。目視右掌方向。見圖227。

【動作要點】撤步穿掌要同時進行。右掌前穿時，左手掌上托要呼應。

【動作呼吸】撤步穿掌用呼氣。

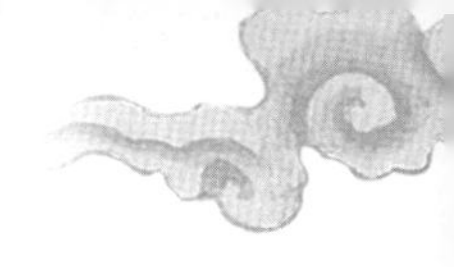

第二段

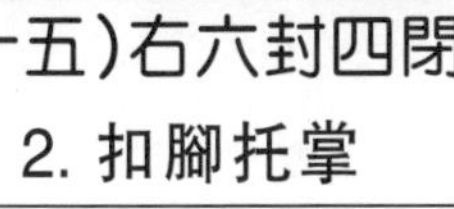

（十五）右六封四閉

2. 扣腳托掌

圖228　圖229

接上勢，身體左轉大約45°，重心移向左腿，左腿屈膝。同時左臂屈肘，左掌繼續向下、向左、微向上畫弧於右胸前，掌心向後上方，指尖向右。右掌稍向右再向下、向左畫弧，掌心向下，指尖向右。目視右前方。見圖228。

接著，身體繼續左轉大約45°，右腳尖內扣重心移至左腿。同時左掌繼續上提至左肩前上方。中指、無名指和小指向內、向上用力。右掌繼續向左、向前、向上畫弧托起，至身體右前方，掌與肩同高，掌心向上，指尖向右前方。目視右前方。見圖229。

【動作要點】在兩掌上托至胸高時，要加速制動，體現出挫勁。

【動作呼吸】扣腳托掌先吸氣再呼氣。

第二段

(十五)右六封四閉

3. 馬步分掌

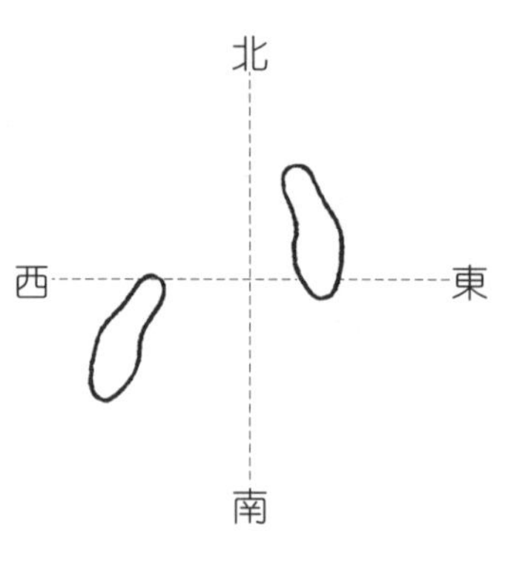

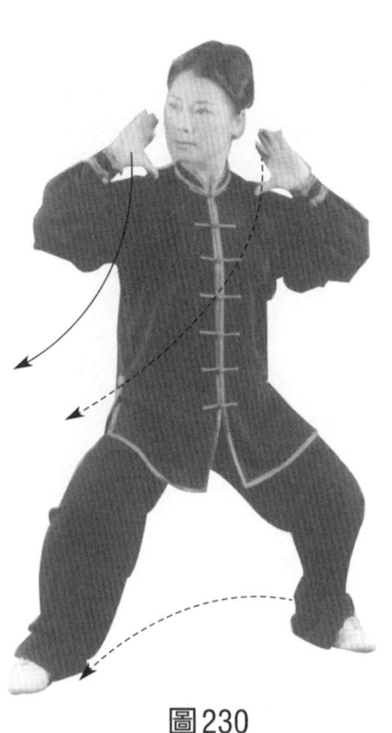

圖230

接上勢，右腳向右前方稍移步，隨之身體微右轉大約45°，重心移向右腿成右偏馬步。同時兩屈臂時向內旋腕，使兩掌收於兩肩前上方，掌心向前上方，指尖向後上方。目視右前下方。見圖230。

【動作要點】身體的轉動是「回轉」的身法，以腰帶動兩掌完成開合的動作。

【動作呼吸】馬步分掌用吸氣。

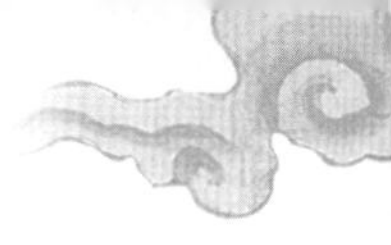

第二段

（十五）右六封四閉

4. 虛步按掌

北
西
東
南

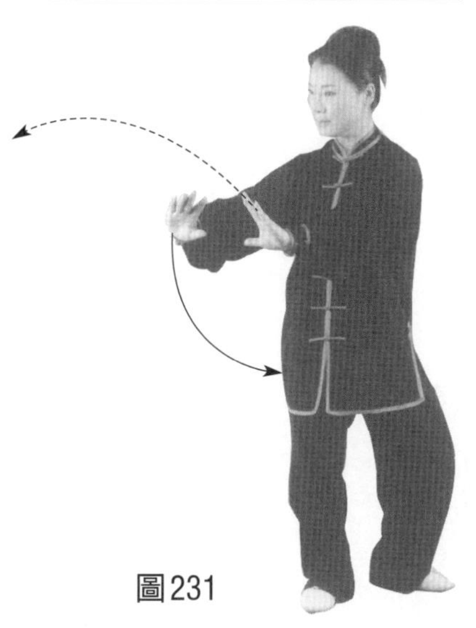

圖231

圖232

接上勢，重心繼續移至右腿，右腿稍蹬起隨之左腳擦地跟至右腳內側，左腳虛著地面。同時兩掌經面頰兩側向右前下方按出，掌同腹高，兩掌心斜相對。目視兩掌方向。見圖231。

【動作要點】兩掌向右前下方按出時，兩臂微屈，外撐，同時呼氣，含胸拔背。以胸腰的開合帶動兩臂開合。

【動作呼吸】虛步按掌用呼氣。

【攻防含義】設對方雙手向我打來，我以兩拳由其兩臂中間向左右分開，隨即上右步，近身用兩掌按擊其胸部或腹部。見圖232。

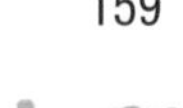

【注意事項】馬步分掌要兩手分開到兩耳旁，再從兩腮旁向斜下推出，手臂微屈。

第二段

(十六)左單鞭

1. 轉腰錯掌

圖233

身體微右轉，重心稍移向左腿，同時左掌向前推出，掌心向前下，指尖向前上方。右掌外旋收至腰間，見圖233。

【動作要領】以腰脊為主軸，帶動兩手上下纏轉一個立體球，轉動中加速，然後緩慢提勾，表現抽絲勁。纏絲與抽絲酷似春蠶吐絲。

【動作呼吸】轉腰錯掌用吸氣。

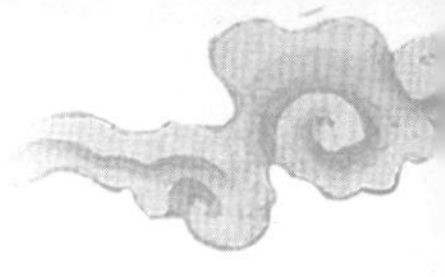

第二段

(十六)左單鞭

2. 轉腰出勾

圖234

接上勢，身體微左轉，重心偏於右腿，並屈膝下蹲。同時左掌外旋，掌心向上，收至腹前，指尖向右。右掌屈腕變勾，經左掌心上方向右前上方伸出，與肩同高，勾尖向左。目視右勾尖方向。見圖234。

【動作要領】要注意向右、向左的「回轉」身法。

【動作呼吸】轉腰出勾用呼氣。

【攻防含義】對方右手抓握我右手腕，我用左掌按壓

圖235

圖236

其腕上，用左掌的下壓力與右腕的上掤力所形成的合力來折對方的肘關節。見圖235。如對方企圖逃脫，即以右勾頂彈擊其下頦或鼻梁，隨之近身用左手反抽其面部。見圖236。

【注意事項】以意念先出手腕再出勾。意念是以手腕打擊對方。

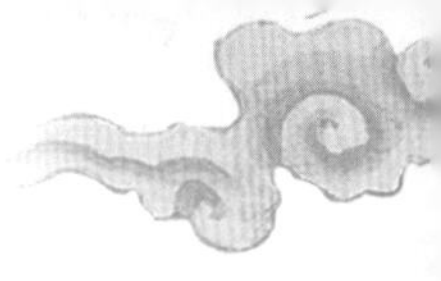

第二段

(十六)左單鞭

3. 擦步扣腳

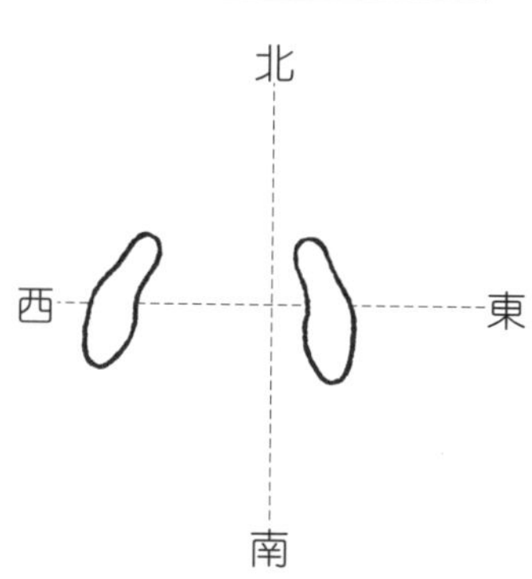

圖237

接上勢，重心移至右腿，同時左腳提起，腳跟貼地向左擦出，隨之重心稍移向左腿。兩腳跟相距約三腳半。目視右勾方向。見圖237。

圖238

接著，左腳踏實，重心移於左腿，右腳尖稍內扣。目視右勾方向。見圖238。

【動作要領】身體左、右的回轉，注意身法的運用，切勿左右搖晃，失去自我重心。擦腳長度約為一個腿長，腿不可以直。

【動作呼吸】擦步扣腳先用吸氣，再呼氣。

第二段

(十六)左單鞭

4. 馬步橫掌

圖239

接上勢，身體右轉，重心偏於右腿，同時左掌向右肘內側下方穿出，掌心向上，指尖向右前方。目視左掌。見圖239、圖240。

接著，身體左轉大約45°，重心稍移向左腿成左偏馬步。同時左掌內旋，稍向上移，掌心向外，隨即經體前向左畫弧至身體左前方成立掌。目視左掌。見圖241。

【動作要領】在形成單鞭走勢時，沉肩、垂肘、塌腕和鬆腰、沉胯要形成一個完整的鬆沉勁。

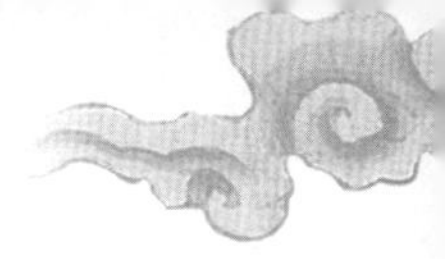

圖240

圖241

【動作呼吸】馬步橫掌用呼氣。

【注意事項】要注意節奏的快慢配合，轉折時稍快，抽絲出勾時稍慢；擦步扣腳稍快，馬步橫掌稍慢。

第三段

(十七)雲　手

1. 收腳擺掌

圖242

身體重心稍向左移，同時兩臂放鬆，右勾變掌外旋，以腕關節為軸，掌指由下向右、向上畫弧於身體右前方，掌稍高於肩，掌心向外，指尖向右後方。右掌以腕關節為軸內旋，掌指由左向下、向右、向上畫弧於身體左前方，掌同肩高，掌心向外，指尖向右前方。目視右掌前方。見圖242。

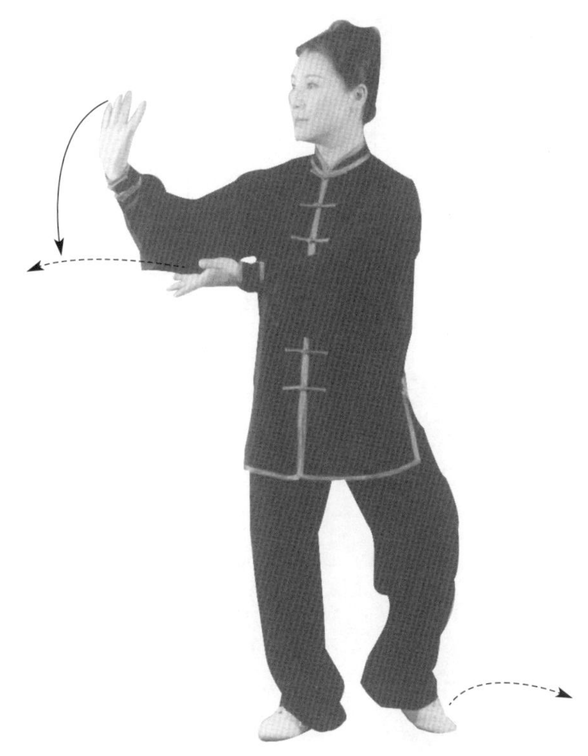

圖243

接上勢，身體右轉大約45°，隨之身體重心移至右腿，屈膝微蹲，左腳蹬地快速收至右腳內側，前腳掌虛點地面。同時右掌內側向上、向身體右前方，掌稍高於肩，掌心向外，指尖向左前方。左掌外旋，向上、向左、向下、向右畫弧至腹前，掌心向外，指尖向左前方。目視右掌方向。見圖243。

【動作要領】動作與上一動作要銜接好，兩手腕先順時針各畫一個小弧，再過渡到右側。

【動作呼吸】收腳擺掌用吸氣。

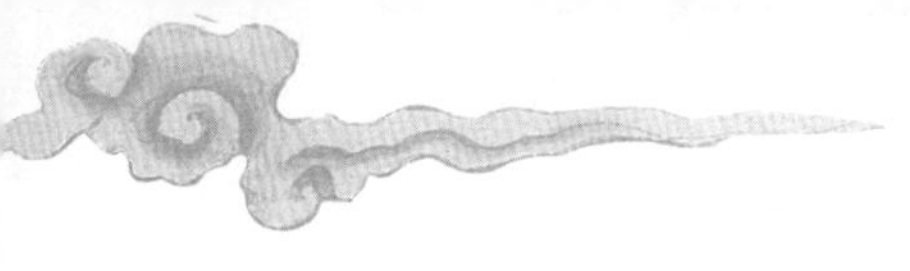

第三段

(十七)雲　手

2. 開步右雲手

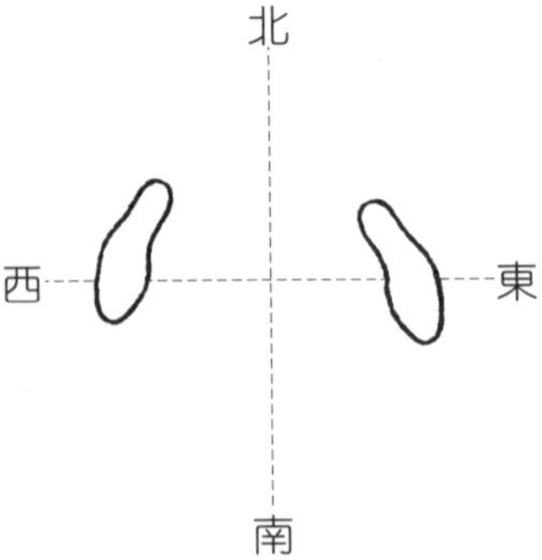

北
西
東
南

圖244

接上勢，右腿繼續下蹲，左腳向左開步，同時兩掌向右前方掤出。目視右手方向。見圖244。

【動作要點】在分解動作中，兩臂運用的是「折疊」手法。是以身帶臂，鬆肩、鬆腕來完成的。當左手向右畫弧運行要與左腳右收協調一致，在左手運行至腹前時，兩手向右掤要有頓挫勁，然後接做分解動作，往下，形成「纘換」的手法。

【動作呼吸】開步右雲手用呼氣。

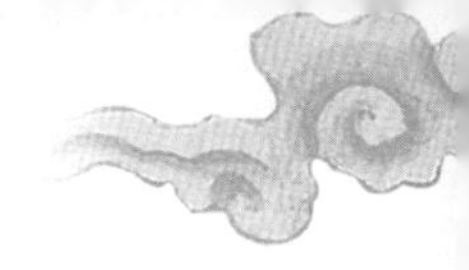

第三段

(十七)雲　手

3. 叉步左雲手

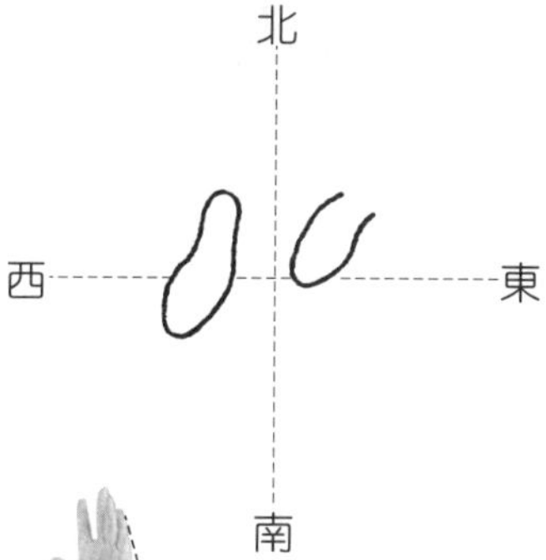

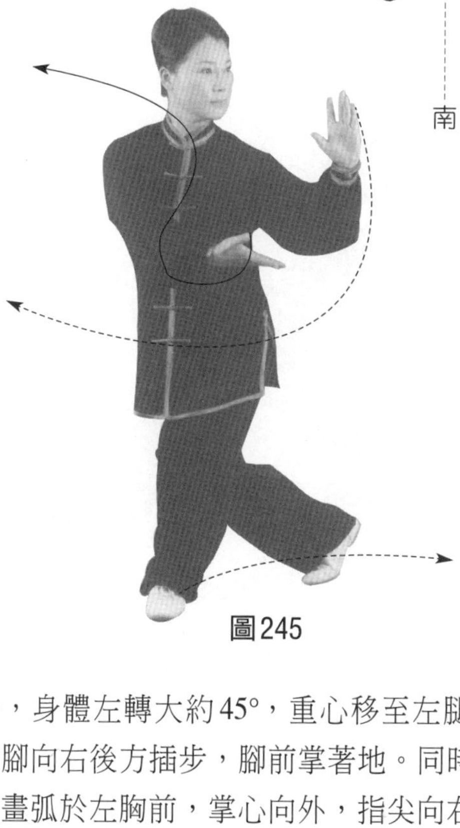

圖245

接上勢，身體左轉大約45°，重心移至左腿，屈膝稍蹲，隨之右腳向右後方插步，腳前掌著地。同時左掌內旋向上、向左畫弧於左胸前，掌心向外，指尖向右上方。隨之右掌外旋，向下、向左畫弧於右腹前，掌心向外，指尖向前。目視左掌方向。見圖245。

【動作要點】做左右雲手時是用「回轉」的身法，並帶動四肢協調運動。

【動作呼吸】叉步左雲手用吸氣。

第三段

(十七)雲　手

4. 開步右雲手

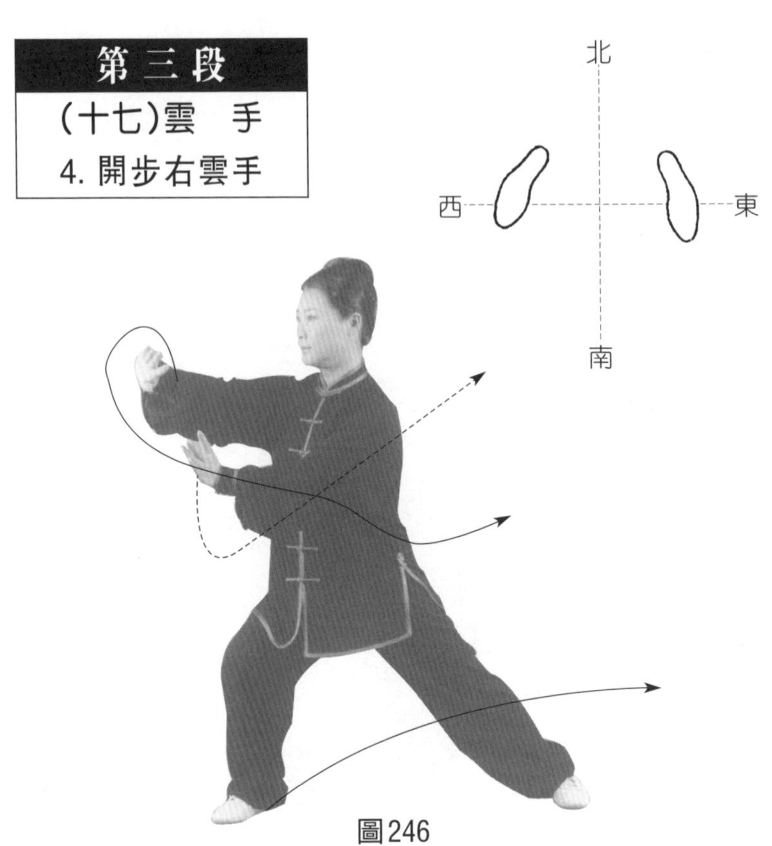

圖246

接上勢，右腳落實，重心移至右腿，屈膝稍蹲，身體微右轉，左腳向左開步。同時右掌內旋，經胸前向上、向右畫弧於身體右前方，稍高於肩，掌心向外，指尖向左前方。左掌外旋，向左、向下、向右畫弧於腹前，掌心向外，指尖向左前方。目視右掌方向。見圖246。

【動作要點】前後雲手的時候，注意節奏的變換，以慢、慢、快、快來完成動作。

【動作呼吸】開步右雲手可以自然呼吸，也可以用呼氣。

第三段

(十七)雲　手

5. 叉步左雲手

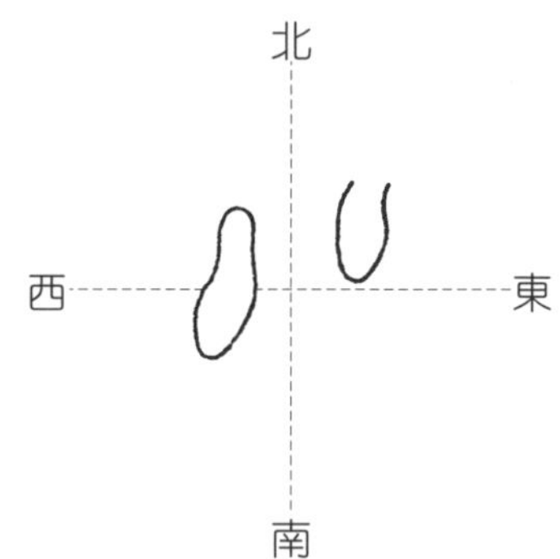

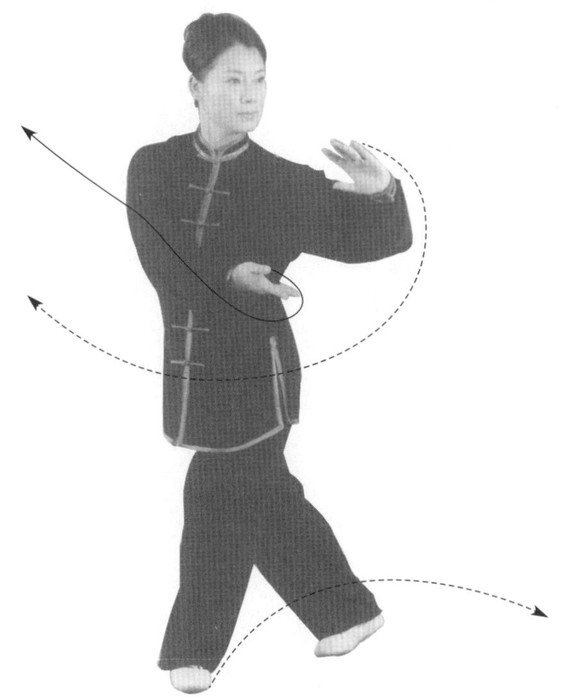

圖247

(5) 同 (3) ，動作相同。見圖247。

第三段

(十七)雲　手

6. 開步右雲手

圖248

圖249

(6) 與 (4) 相同。見圖248。

【攻防含義】左雲手的用法是，對方用左手向我胸部或面部走來，我用左手由下向右、向上繞到對方左臂外側黏拿其臂或腕，並向左、向下牽動其重心，隨之我右手向左側擊其左肘後部或肩背部，使對方傾跌。右雲手的用法與左雲手道理相同。見圖249。

【動作呼吸】雲手動作呼吸可自然。

【注意事項】根據自己的呼吸頻率來掌握雲手的節奏和呼吸配合。體現出一個斜向圓運動，和一個直線圓運動特點。

第三段

(十八)高探馬

1. 馬步分掌

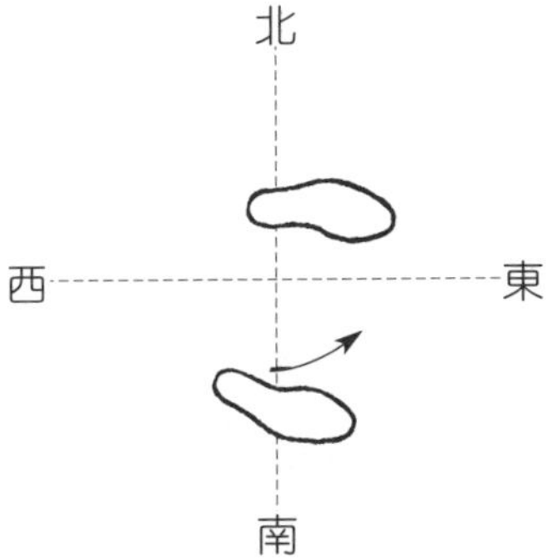

北

西 東

南

圖250

圖251

左腳尖外擺，重心移於左腿，屈膝稍蹲，身體左轉大約45°；同時左掌內旋，向右、向上、向左畫弧，掌稍高於肩，掌心向外，指尖向右上方。右手外旋，向下、向左畫弧於右胯旁。目視右前方。見圖250。

接上勢，右腳尖虛點地面，身體微左轉大約45°。同時左掌外旋，成立掌，掌心向右前方。右掌繼續向左畫弧於胸前，掌心向左，指尖向前。目視左掌方向。見圖251。

圖252 圖253

接著，右腳向右開步，重心偏右腿，同時兩臂在胸前上下交搭，左臂在上，左掌心向下，右掌心向外。目視左掌方向。見圖252。

同時，重心移向右腿成右偏馬步。同時兩掌分別向上經左右向下畫弧下落，左掌於身體左前方成立掌，指點稍高於肩；右掌於身體右前方成立掌，指尖稍向於肩。目視右掌方向。見圖253。

【動作要領】重心左轉與收腳要一致，馬步分掌要一致；注意上肢開、下肢扣合，收腳和推掌要一致。

【動作呼吸】馬步分掌用一吸一呼氣完成。

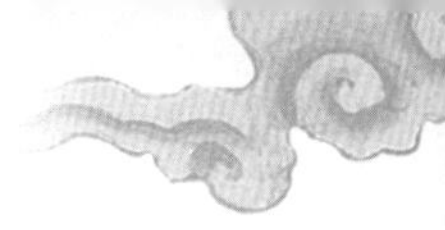

第三段

(十八)高探馬

2. 虛步推掌

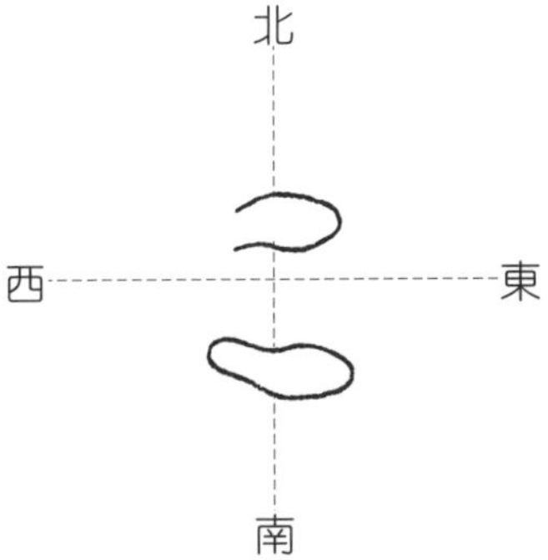

北

西　東

南

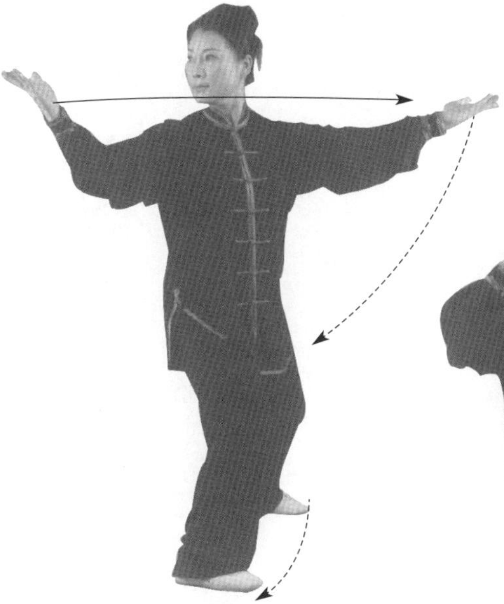

圖254

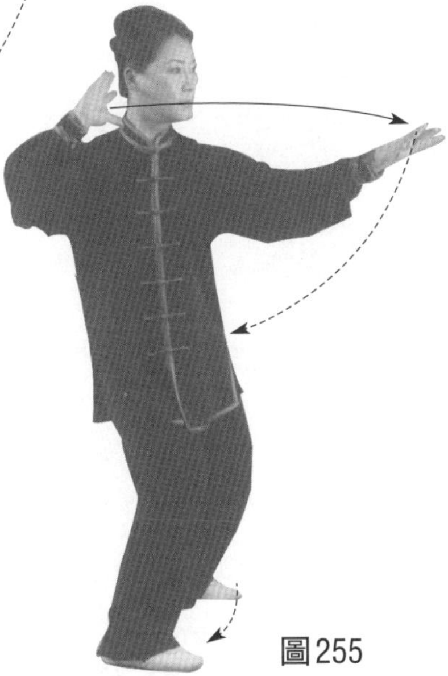

圖255

接上勢，右腳尖內扣，合胯，身體微右移。同時左臂稍內旋，右臂分別向左右平展，掌同肩高，右掌心向上，指尖向右。目視右掌方向。見圖254、圖255。

接著，重心移至右腿，屈膝微蹲，身體左轉大約45°。隨之左腳前掌擦地收至右腳內側成左虛步。同時左掌外旋收

圖256

圖257

至腰側，掌心向上，指尖向右前方。右臂屈時，右掌經耳側向前推出成立掌，指尖同鼻高。目視右掌方向。見圖256。

【動作要領】右轉展臂要一致。

【動作呼吸】虛步推掌用一吸一呼氣。

【攻防含義】對方抓握我左手腕，我左掌回收、牽引對方，同時用右掌擊其面部或胸部。見圖257。

【注意事項】在右腳內扣合胯與兩臂左右平展要快速並協調一致，使身體上下形成一股擰勁。

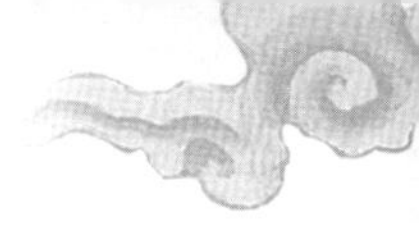

第三段

（十九）右左擦腳

1. 轉腰下捋

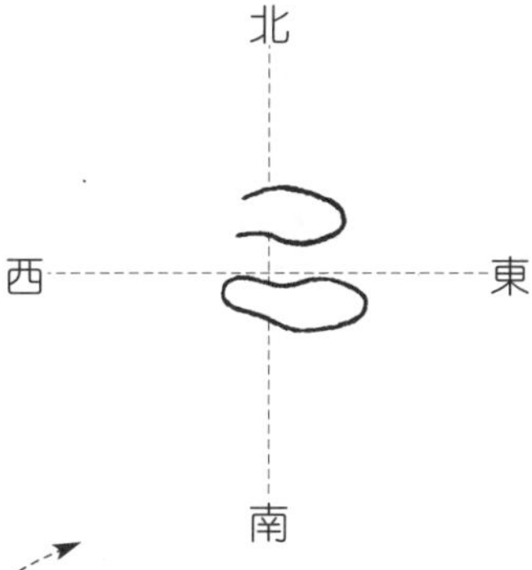

北
西
東
南

圖258

身體微左轉，同時右掌隨之向下稍向左畫弧落於腹前，掌心向下，指尖向前。左掌內旋，掌心輕貼腹左側。目視右掌方向。見圖258。

【動作要領】右掌下捋前按順時針方向畫一小弧，過渡到下捋。

【動作呼吸】轉腰下捋借助前勢的虛步推掌，繼續呼氣。也可以根據自己的肺活量掌握呼吸頻率。

第三段

(十九)右左擦腳

2. 轉腰掤臂

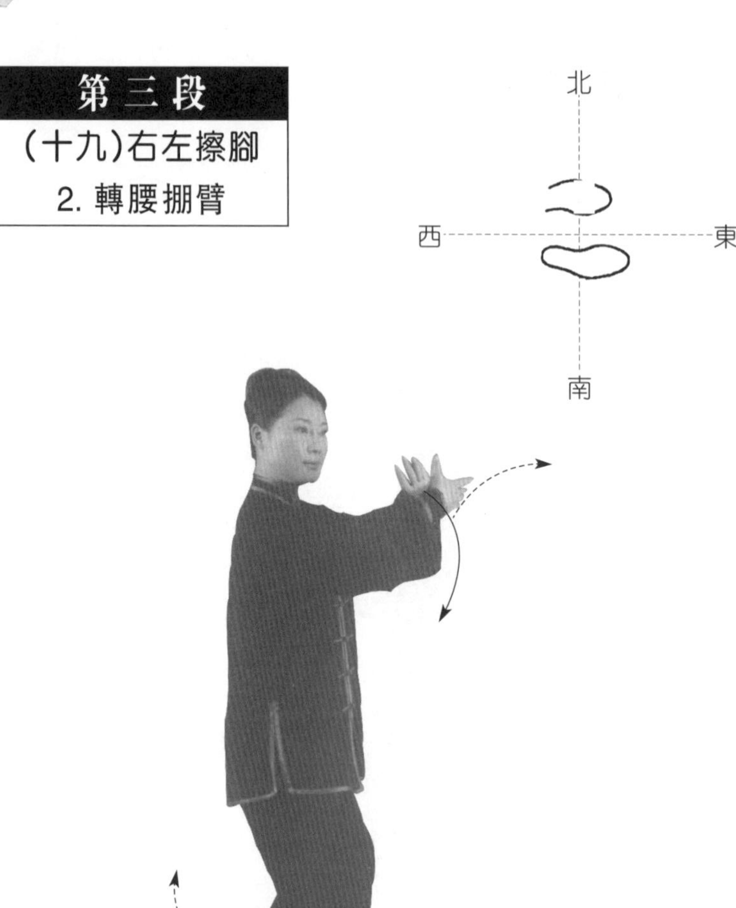

圖259

接上勢，身體右轉，同時右掌繼續向左、向上畫弧至胸部，掌心向裏向前掤出，同胸高，目視前方。見圖259。

【動作要領】右手臂掤出，左手繼續跟上。

【動作呼吸】轉腰掤臂用呼氣。

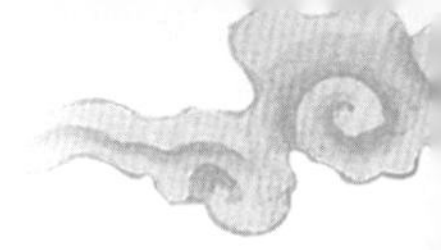

第三段

（十九）右左擦腳

3. 弓步合臂

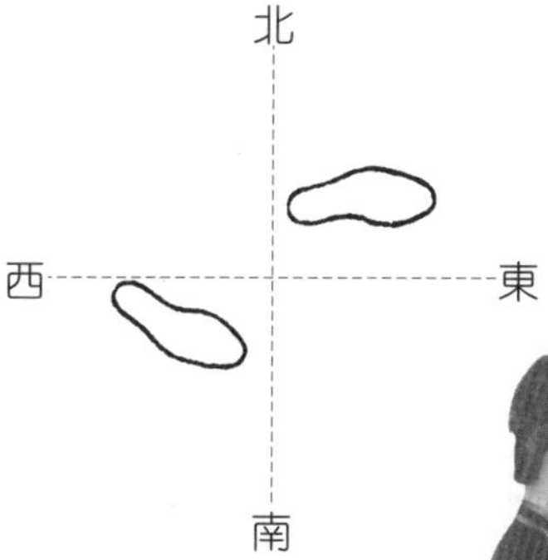

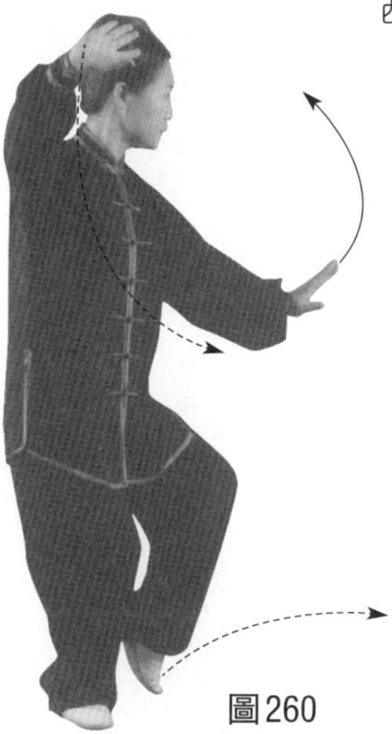

圖260

圖261

接上勢，兩腿屈膝下蹲，重心移至右腿，左腳腳跟抬起，前腳掌虛著地面。同時左掌內旋向前伸出，指尖同鼻高，掌心向前下方。左掌外旋，掌心向上，掌背輕貼於右前臂內側，指尖向右上方。目視右掌。見圖260。

接著，左腳向左前方上一步，重心移向左腿成左弓步。同時左掌向下、向左、向上、向前畫弧於胸前，同胸高，掌心向右，指尖向前上方；右掌向右、向下、向左畫弧於腹前，掌心向左，指尖向前。目視左掌方向。見圖261。

【動作要點】左右手各自畫弧，在合臂時有一個合勁。

【動作呼吸】弓步合臂用呼氣。

第三段

(十九)右左擦腳

4. 屈肘右擦腳

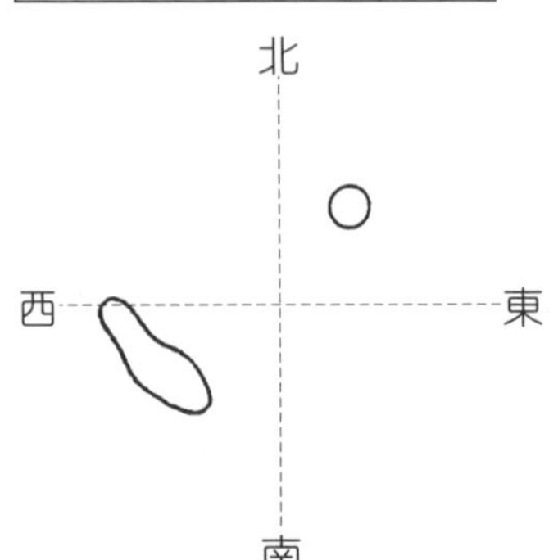

圖262

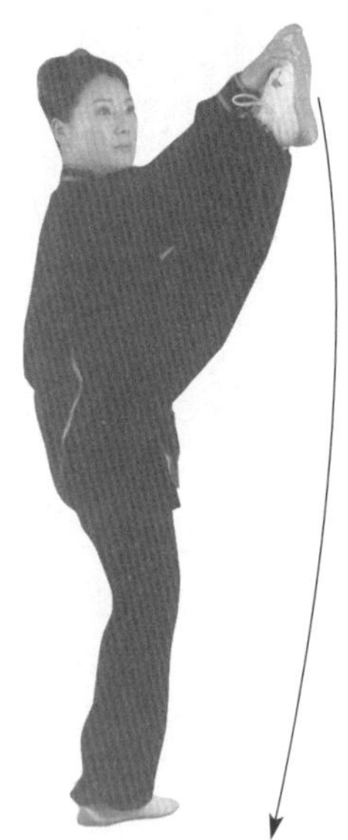

圖263

接上勢，身體微左轉，重心移至左腿，右腿向右前方彈踢，同肩高，腳面繃平；同時左掌內旋，向右、向下、向左畫弧於身體左側，同頭高，掌心向左，指尖向上；右臂屈肘，右掌內旋，向右、向上畫弧，在胸前經左前臂內側向右前上方去拍右腳的腳面。目視右掌方向。見圖262、圖263。

【動作要點】拍腳的一剎那要快速、有力、有響聲。

【動作呼吸】屈肘右擦腳可先吸氣再呼氣。

【攻防含義】右擦腳的用法是，對方右手向我擊來，我用左掌向下，向左來按其臂，用右腿踢其襠部，右手擊其面部。左擦腳用法同右擦腳。（注明：擦腳即拍腳）。

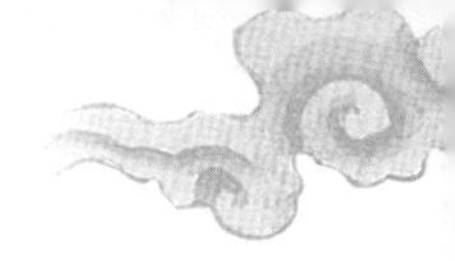

第三段

（十九）右左擦腳

5. 右腳落地

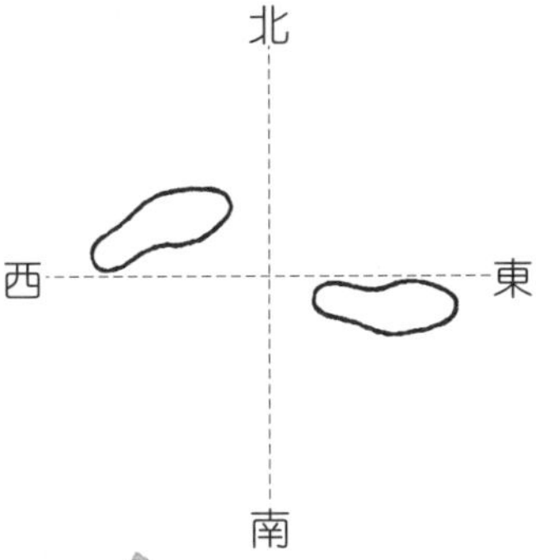

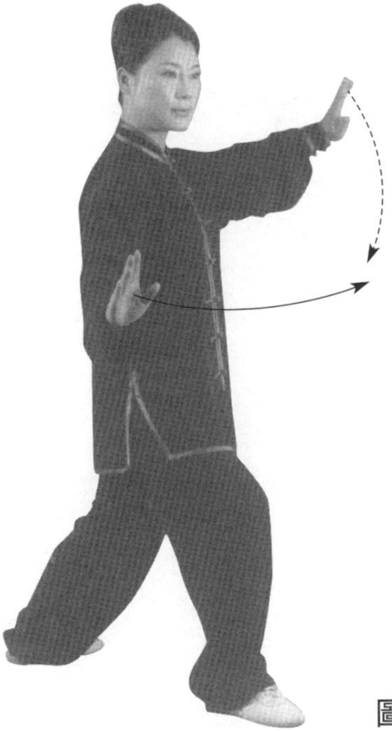

圖264

接上勢，右腳向右前方下落，腳跟著地；同時，右手臂隨之下落於右胸前，臂微屈，手心向左前方，指尖向上，同肩高。左手臂下落，臂微屈，手心向左前方，指尖向上，同胸高。目視右掌方向。見圖264。

【動作要點】拍擊腳之後，右腳落地要輕點輕放。

【動作呼吸】右腳落地隨前勢呼氣繼續呼氣。

第三段

(十九)右左擦腳

6. 弓步合臂

圖265

接上勢，右腳向右前方下落後，重心移向右腿成右弓步。同時右臂微屈，右掌稍外旋，內合至胸前，掌心向左，指尖向前上方。隨之身體微右轉，左掌向下，向右、向前畫弧於腹前，掌心向右，指尖向前。目視右掌方向。見圖265。

【動作要領】兩手合臂意識在擒住對方的手臂肘腕關節。

【動作呼吸】弓步合臂用吸氣。

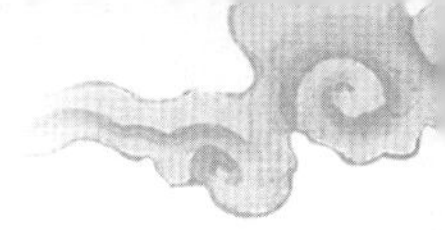

第三段

(十九)右左擦腳

7. 擺腳屈肘

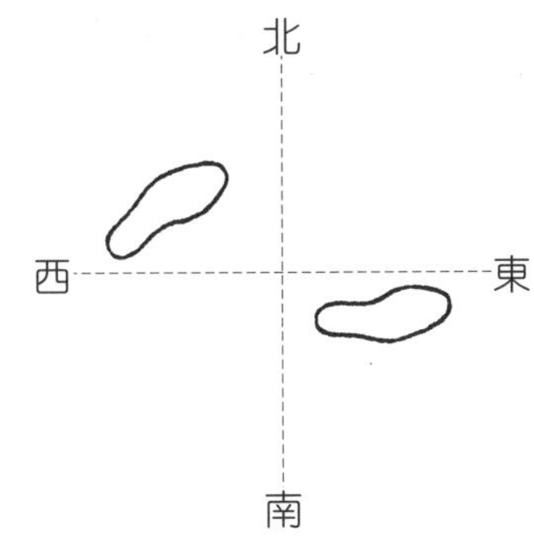

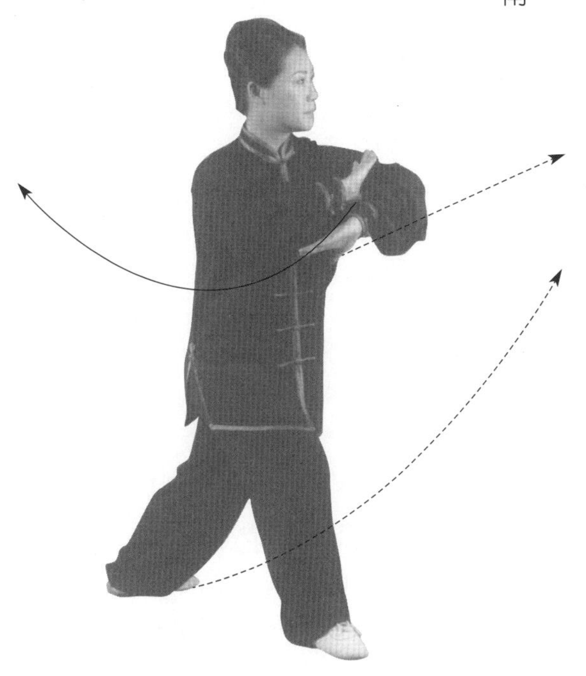

圖266

接上勢，重心後移外擺右腳尖，同時，右手臂內旋手心向下於胸前，左手臂外旋手心向下折於右手臂下方，接著身體重心前移成右弓步。見圖266。

第三段

(十九)右左擦腳

8. 分手左擦腳

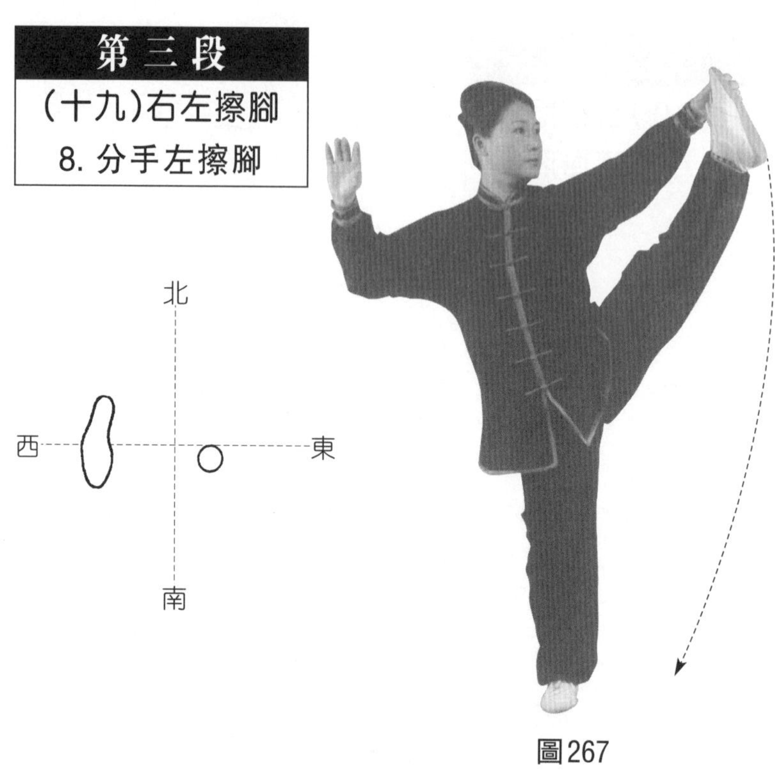

圖267

接上勢，身體微右轉，重心移至左腿，左腿向左前方彈踢，同肩高，腳面繃平；同時右掌內旋，向右、向下、向右方向畫弧於身體右側，同頭高，掌心向右，指尖向上；左臂屈肘，左掌內旋，向左、向上畫弧，在胸前經左前臂內側向右前上方去拍左腳的腳面。目視左掌。見圖267。

【注意事項】左右擦腳是屈伸性腿法，彈踢要迅速，在手掌即將接觸腳面時，要突然發力，擊拍要響亮。下落腳要輕放輕落。右擦腳手掌接觸腳面的一剎那，要有向前的拍腳。要沉胯，防止掀胯。擦腳前要下捋，接著掤擠。如果是右手上拍，則左手臂後展。

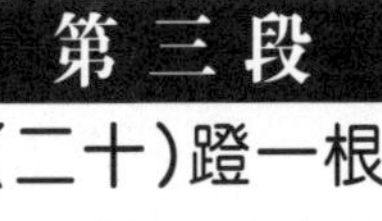

第三段

(二十)蹬一根

1. 轉腰下捋

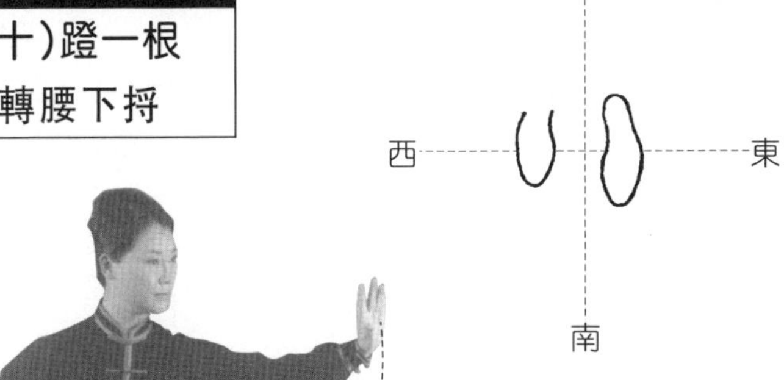

圖268

圖269

右腿屈膝，胯內合，左腳內扣下落著地，身體微右轉，然後重心全部移至左腿，左膝稍屈；右腿屈膝上提，右腳收於左踝內側，腳尖上翹。同時兩掌變拳，收於腹前交叉，左拳在外，拳眼向前。目視右前下方。見圖268、圖269。

【動作要點】以蓄勁待後發。

【動作呼吸】扣腳落地用吸氣。

第三段

(二十)蹬一根

2. 收腳握拳

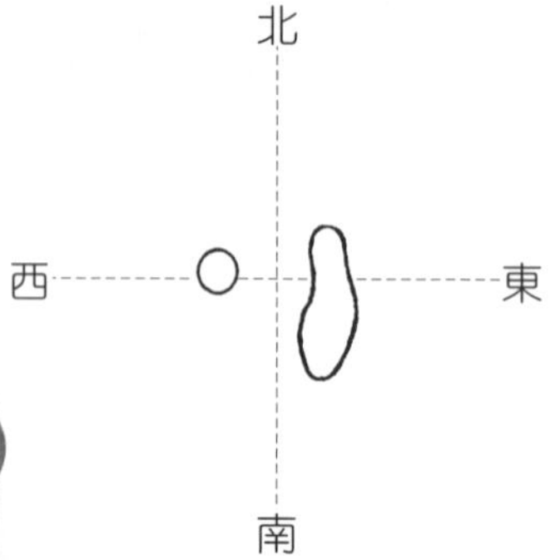

北
西
東
南

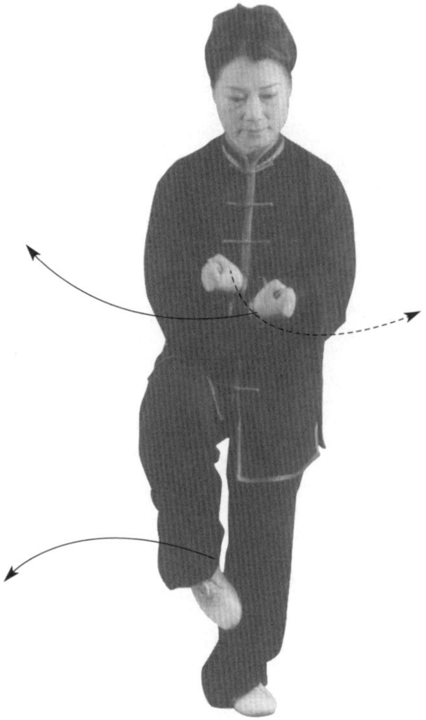

圖270

接上勢，重心全部移至左腿，左膝稍屈。右腿屈膝上提，同時兩拳同時外旋於腹前，右拳在外，拳眼向前。目視右前下方。見圖270。

【動作要領】透過吸氣將肢體和拳臂收緊成蓄勁。

【動作呼吸】收腳收掌用吸氣。

第三段

(二十)蹬一根

3. 側踹彈拳

圖271

圖272

接上勢，右腳向右下方迅速踹出，其高度距地面約 20 公分，腳尖向前，同時兩臂迅速向左右展開圓掌，兩拳距胯約 20 公分，掌背向外，掌眼向前。目視左腳方向。右腳踹出後，迅速返回左腿旁。兩拳也隨之落於兩胯旁。見圖271、圖272。

圖273

【動作要點】側踹腿時要像螞蚱起跳一樣，迅速向右側踹出。右腿主動回落，加大轉體力度。

【動作呼吸】側踹彈拳用呼氣。

【攻防含義】對方右掌向我腹部或肋部擊來時，我側身用右臂護肋並掛其臂，用右腳橫踹其小腿或膝關節，同時右拳彈擊其小腹或肋部。見圖273。

第三段

（二十）蹬一根

4. 弓步撩拳

圖274

接上勢，右腳落地，身體左轉，重心移於左腿成左弓步。同時左臂內收於腰間，右拳向下、向左、向前畫弧撩出，同胸高，拳背向上方；左拳收抱於腰間，拳心向上。目視右拳方向。見圖274。

【動作要領】接好上一動作，在快速發力的同時銜接好柔和的緩慢的撩拳。

【動作呼吸】弓步撩掌在借上勢的呼氣中結束。

【注意事項】蹬一根是屈伸性的腿法，要快速有力，力點在腳跟。兩手臂左右分展時要迅速抖腕，體現出動作的鬆彈勁，並與右腳側踹協調一致。發力前，兩臂纏繞，收腹蓄勁，發力瞬間展腹彈打。側踹腳後要快速回到原處，接著做後擦步撩拳。

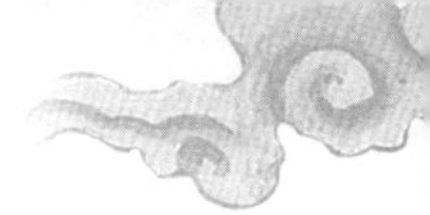

第三段

(二十一)披身捶

1. 馬步左披捶

圖275 圖276

身體微右轉，重心移向右腿。同時左掌先內旋後外旋向下、向左、向上並稍向前畫弧，位於身體左前方，拳同鼻高，拳心向右後方；右拳外旋回收於左肘內側，拳心向裏。目視左拳。見圖275。

接著，身體繼續右轉，重心移於右腿成右弓步。同時右拳隨之向左畫弧於體前，拳同眉高，拳心向裏；右拳稍向下、向右畫弧，拳心向上。目視左拳。見圖276。

【動作要點】兩拳左右內外旋要同時進行，重心穩定，不要搖晃。

【動作呼吸】馬步左披捶用一吸一呼進行。

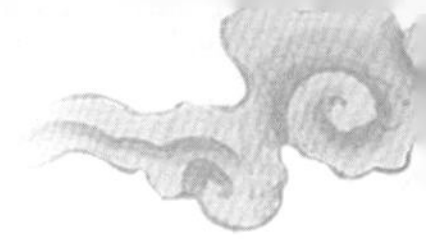

第三段

（二十一）披身捶

2. 馬步右披捶

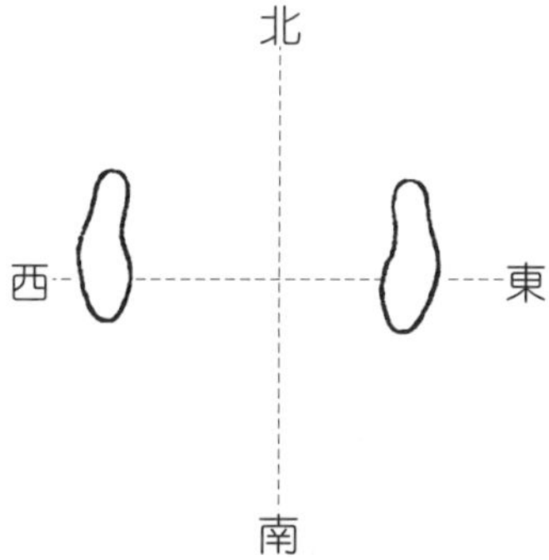

北
西
東
南

圖277

圖278

接上勢，重心移向左腿。同時右拳先內旋後外旋，向下、向右、向上、向左畫弧，停於身體右前方，拳同鼻高，拳心向左後方；左拳稍向右、向下畫弧，附於右肘內側，拳心向裏。目視右掌。見圖277。

接著，身體左轉，重心移於左腿成左弓步。同時右臂隨之向左畫弧，置於右胸前，拳同鼻高；左掌向下、向左畫弧，置於左胸前，拳心向上。目視左掌。見圖278、圖

圖279

279。

【動作要點】披身捶是以腰脊為軸的「回轉」身法來帶動兩臂做左右纏繞，動作要連貫協調。

【動作呼吸】馬步右披捶可做一吸一呼。

【攻防含義】向右披身捶的用法是當對方貼近我背後襲擊時，我向右轉身，用右肘頂擊對方胸部或下壓對方肘關節，隨之右掌打擊腹部。見圖280。

【注意事項】腰帶手，手臂轉。意識在用肩背靠打，左拉右格擋。

圖280

第三段

(二十二)背折靠

1. 轉腰折腕

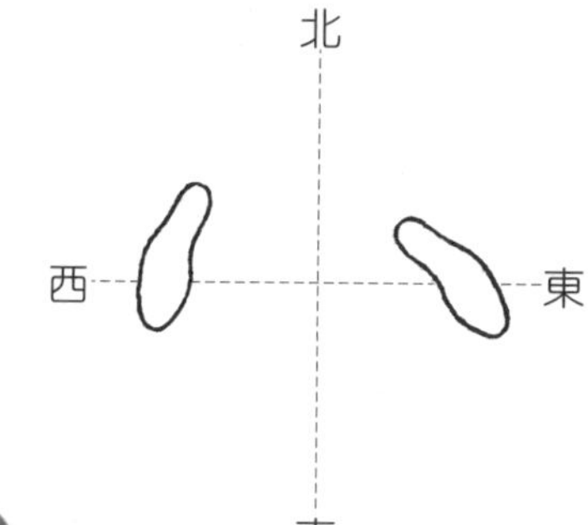

圖281

接上勢，身體微右轉，同時右拳拳背後仰，向左上方凸腕，拳心向右上方；左臂屈肘，左拳收至腰間，拳面貼觸腰部，目視右拳。見圖281。

【動作要領】右拳凸腕向下，向右畫弧運轉用的是「折疊」手法，肩、肘、腕要鬆柔、圓活。

【動作呼吸】轉腰折腕用吸氣。

第三段

(二十二)背折靠

2. 擰腰折靠

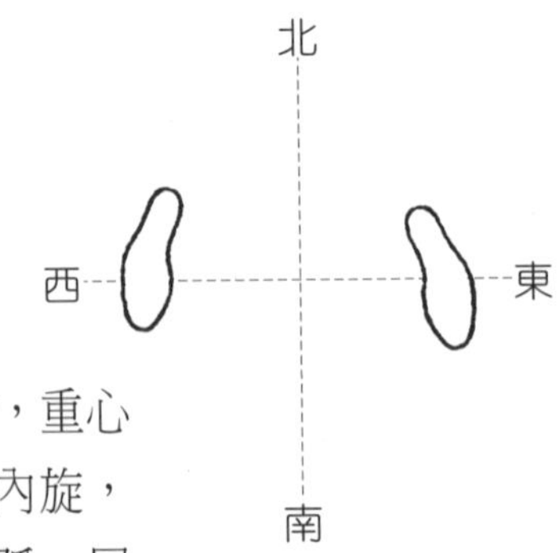

身體微左轉再右轉大約45°，重心移至右腿成右弓步。同時右拳內旋，先向左再向下、向右、向上畫弧，屈肘拳至額右前方，拳距額頭約10公分，拳心向外，拳眼向下，左拳在左腰旁內旋頂住腰側，左臂屈肘，肘尖向左，左拳拳面緊貼腰部。目視左下方。見圖282。

【動作要點】背折靠姿勢即將形成的一瞬間，要迅速向右擰腰，同時右肩背向右後方微前，左肩要有向前頂勁。右拳外旋纏轉一圈蓄勁，左肩峰、左肘、左腳尖近似一條直線。背部拔撐有脹熱感覺。

【動作呼吸】擰腰折靠用呼氣。

【攻防含義】對方左手擊我胸部時，我左轉側身進右

圖282　圖283

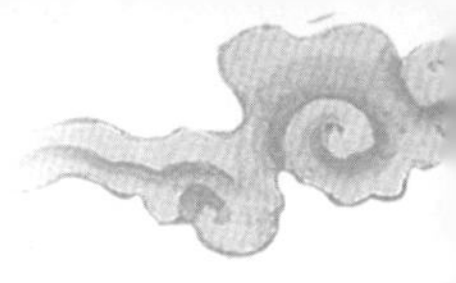

步，貼近對方用肩背靠打。或者對方右拳向我胸部擊來時，我向右轉腰閃身，右手黏握其右腕，同時用左肩臂向前靠撅其肘部，折其關節。見圖283。

【注意事項】主要是以腰帶肘向後折靠。

第三段

(二十三)青龍出水

1. 轉腰左掩肘

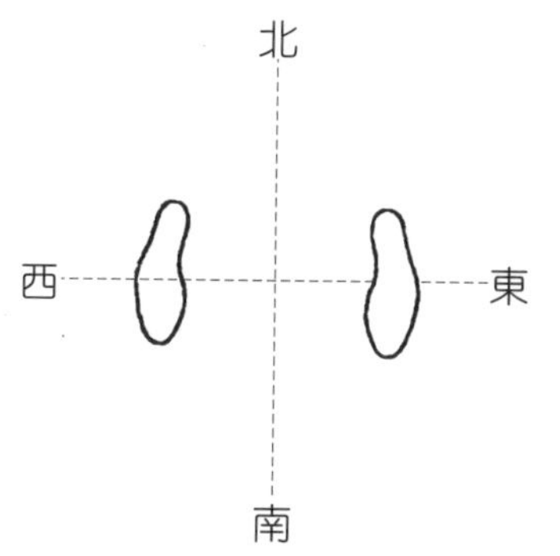

圖284

接上勢，身體先微左轉再稍右轉，重心隨之左移再右移，同時隨身體轉動，右拳外旋，向前、向下、向後畫弧於右肋旁，拳距體側約20公分，拳心向上，稍向右畫弧於身體右前方，拳稍高於肩，拳心向上。目視左拳方向。見圖284。

【動作要點】在轉腰右掩肘中，身體的轉動與手臂的轉動要一致。利用上一動作擰腰蓄勁，鬆腰自動放開軀幹，帶動兩臂運動。

【動作呼吸】轉腰右掩肘用吸氣來調整。

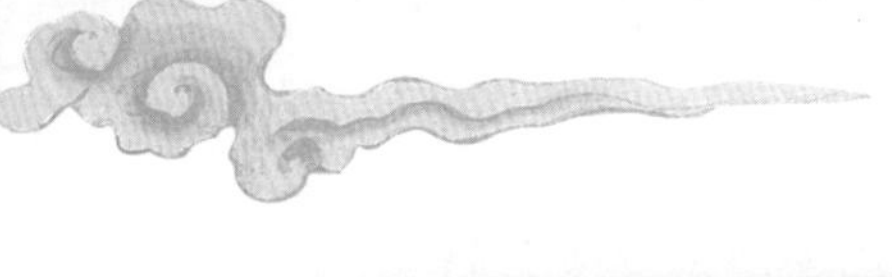

第三段

(二十三)青龍出水

2. 轉腰右掩肘

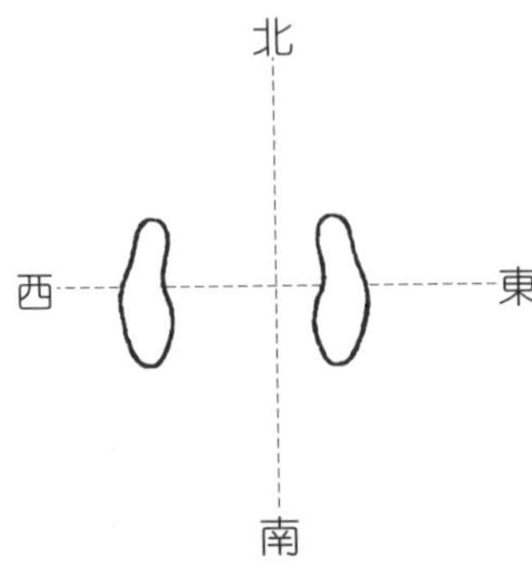

圖285

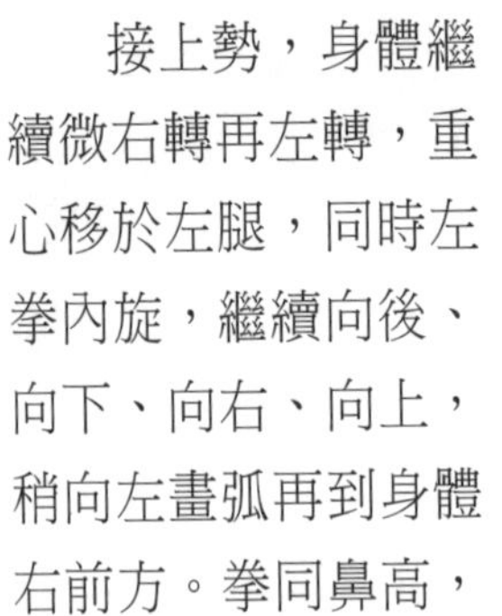

圖286

接上勢，身體繼續微右轉再左轉，重心移於左腿，同時左拳內旋，繼續向後、向下、向右、向上，稍向左畫弧再到身體右前方。拳同鼻高，拳心向後上方。右拳繼續向右、向下、向左畫弧於腰前，拳心向上。目視左拳方向。見圖285。

【動作要點】以腰帶動右手臂，突出虛實分明的特點。注意左膝不要跪。

【動作呼吸】轉腰左掩肘可用一呼一吸來調整呼吸。

【攻防含義】如果對方左拳向我擊來，我向左轉腰閃身，右手黏握其右腕，同時用右肩臂向前靠撅其肘部，折其關節。見圖286。

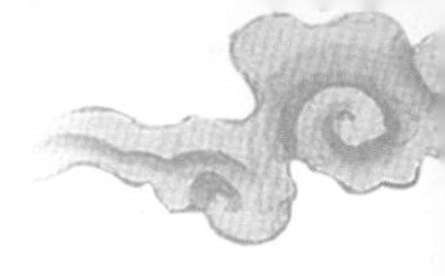

第三段

(二十三)青龍出水

3. 弓步撩手

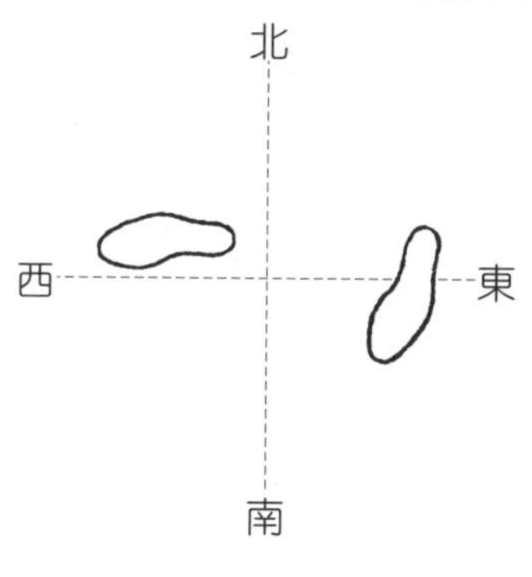

圖287

圖288

接上勢，身體右轉大約45°，重心移向右腳成右弓步。同時右臂內旋，向右、向下畫弧，右掌收至腹前，掌心輕貼腹部；左臂內旋，左手食指伸直，隨身體右轉，迅速向右前下方伸臂撩出同腹高，手心向右後方。目視左手食指方向。見圖287。

【動作要點】右手臂在左手臂上方，左手變掌指右前撩。在左手掌打出時，左肩、肘、腹要放鬆，體現出鬆彈勁。

【動作呼吸】弓步撩手用呼氣。

【攻防含義】設對方右掌向我腹部擊來，我用左手向下扳其左臂，隨之右手撩擊其襠或腹部，緊接著再換拳打擊。見圖288。

第三段

(二十三)青龍出水

4. 馬步右彈拳

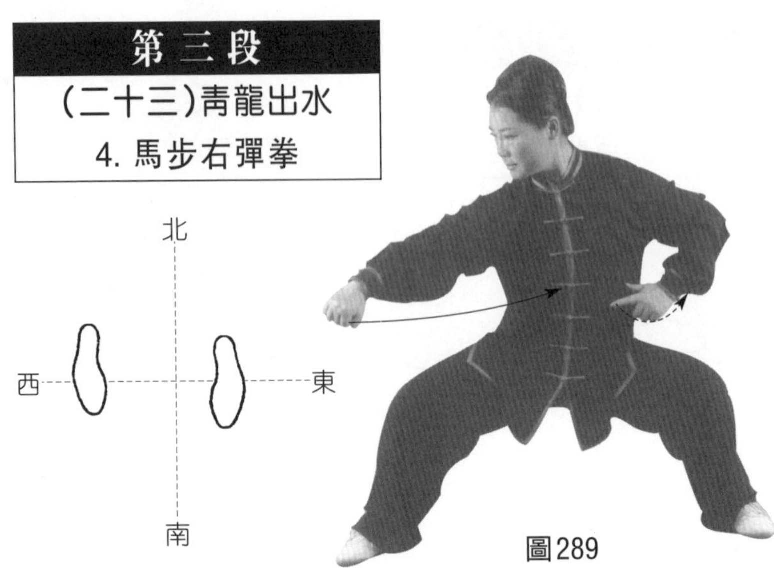

圖289

接上勢，身體迅速左轉大約45°，重心稍偏於左腿成左偏馬步。同時右拳內旋，以拳背為力點，向右前下方迅速伸臂彈出至右膝內上方，拳距膝約20公分。左掌以彈右掌的同樣速度收貼於左腹部，掌心向內。目視右拳方向。見圖289。

【動作要點】右手彈拳速度要快，馬上再鬆下來。這個動作寓意像龍浮出水面，抖掉身上水珠。猶如衣袖著火，迅速將火撲滅一樣。

【動作呼吸】馬步右彈拳用呼氣。

【注意事項】「青龍出水」是以腰脊為軸，向左、向右轉的兩次「回轉」身法，並以身帶臂纏繞蓄勁，曲中求直，兩臂交錯，迅速抖發。在右拳彈出時，左轉腰，沉胯、背部左側後撐這一系列的動作和呼吸要協調一致，同身體形成一個整體。

第三段

(二十四)白猿獻果

1. 轉腰下捋

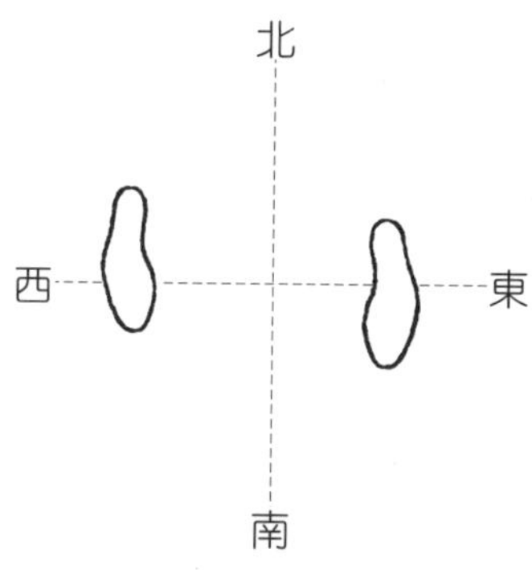

圖290

圖291

身體先微向左再稍向右轉；重點稍向左偏，隨即向右移。同時右拳隨身體轉動向下、向左、向上畫弧，屈臂收於胸前，拳心向裏，拳眼向上。隨之左拳輕貼腹部隨身體轉動微向左再向上、向右畫弧，左前臂內主氣，屈腕，拇指和食指側貼左腰側。目視右拳方向。見圖290。

【動作要點】重心保持穩定，隨著手臂的纏繞左右移動。

【動作呼吸】轉腰下捋用吸氣。

【攻防含義】如果對方右手向我擊來，我即雙手黏住其肘關節和腕關節向自己方向下捋，捋住對方使其失去重心摔倒。見圖291。

第三段

(二十四)白猿獻果

2. 轉腰掤臂

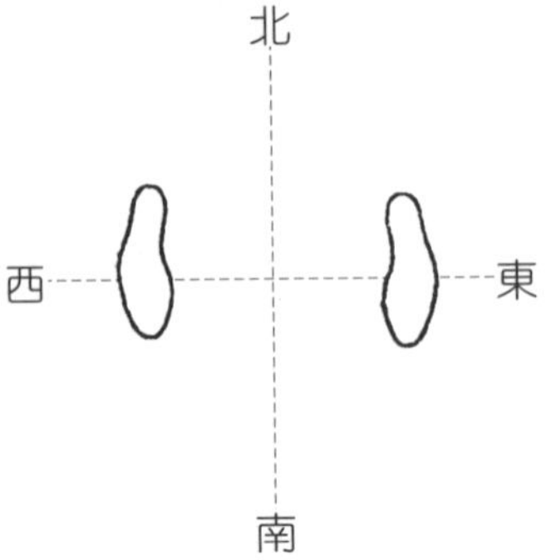

北
西
東
南

圖292

圖293

左拳輕貼腹部，隨身體轉動向左再向上、向右畫弧，左前臂內旋，屈腕，拇指和食指微貼胸。見圖292、圖293。

【動作要點】兩臂隨左右變換在體前做大小不同的圓形纏繞，左拳於體前在胸腹之間畫大圈，左手貼腹、內旋、外旋滾動畫小圈，兩臂在運動時協調一致，鬆沉、連貫、圓活。

【動作呼吸】轉腰掤臂接前呼氣一氣呵成。

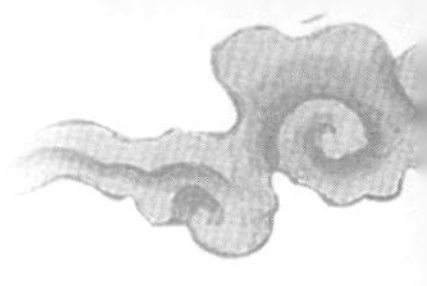

第三段

(二十四)白猿獻果

3. 轉腰收拳

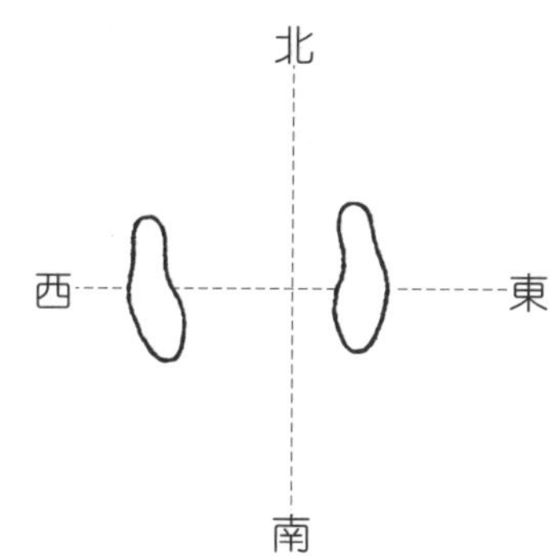

圖294

圖295

接上勢，身體左轉，同時左腳尖外擺。重心移到右腿，同時右拳內旋。繼續向上、向右、向下畫弧於身體右前方，拳同胸高，拳心向前，拳眼向左；左拳外旋變拳置於右腹前，拳心向上，拳眼向前。目視右拳方向。見圖294、圖295。

【動作要點】當拳在腹前向上運行時，兩拳變化隨身體的自然左轉，協調、鬆沉連貫，圓活。

【動作呼吸】轉腰收拳用吸氣。

第三段

(二十四)白猿獻果

4. 提膝上出拳

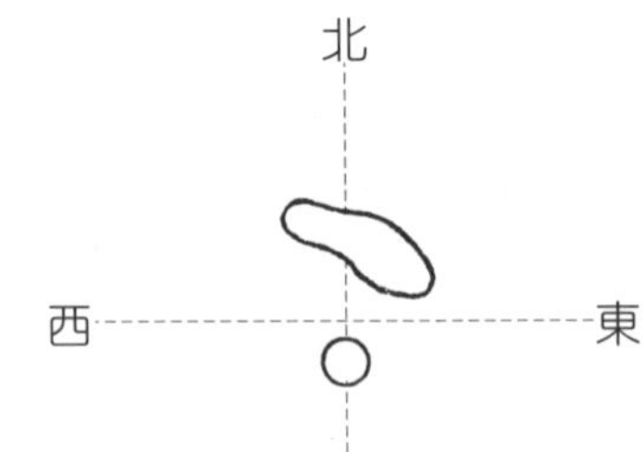

接上勢，身體左轉大約45°，重心全部移至左腿並做屈膝，右腳前移後屈膝向上提起，膝同腹高，腳尖自然下垂。同時左拳收回左腰側，拳心向內，右拳隨身體左轉外旋並繼續向下，向左經腹側向前，向上畫弧至體前，拳同鼻高，拳心向後上方，拳眼向右。目視左拳方向。見圖296。

【動作要點】在提膝上出拳時，右腿屈膝上提與右拳向前上沖拳要協調一致。

【動作呼吸】提膝上出拳用呼氣。

【攻防含義】對方左手向我左肋或腹部擊來，我以左臂扳壓其臂，隨之提右膝頂襠，或用右腳踩對方膝關節。右拳擊其下頷或面部。見圖297。

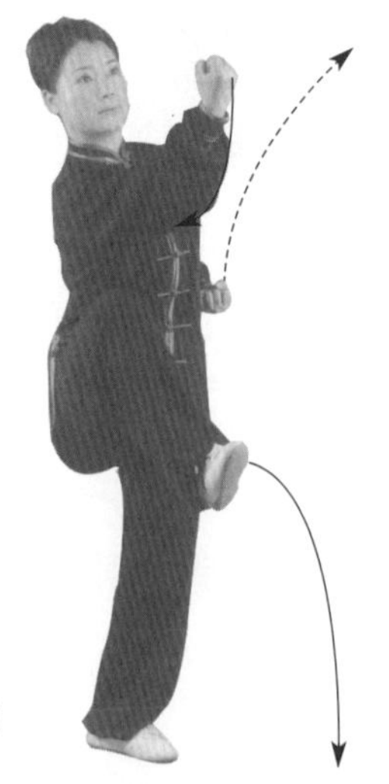

圖296

圖297

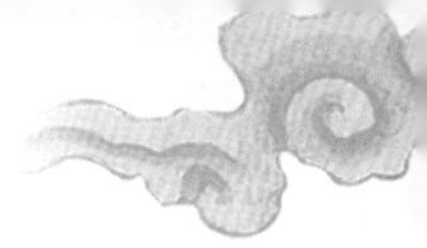

【注意事項】右臂在體前做一個大圈，左拳在腹前纏一個小圈，大圈套小圈，定勢時右肘對右膝。

第三段

（二十五）左六封四閉

1. 落腳穿掌

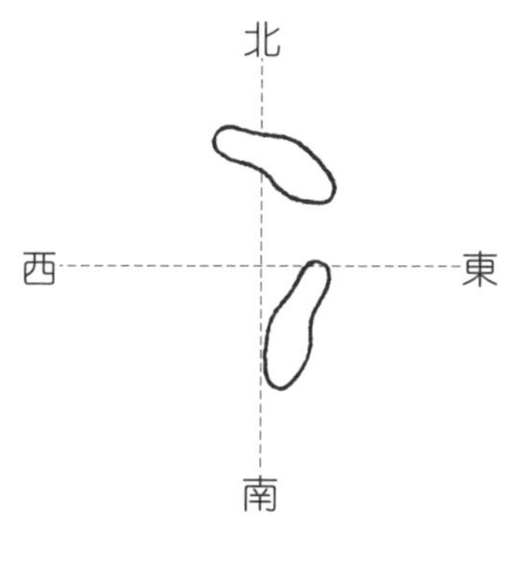

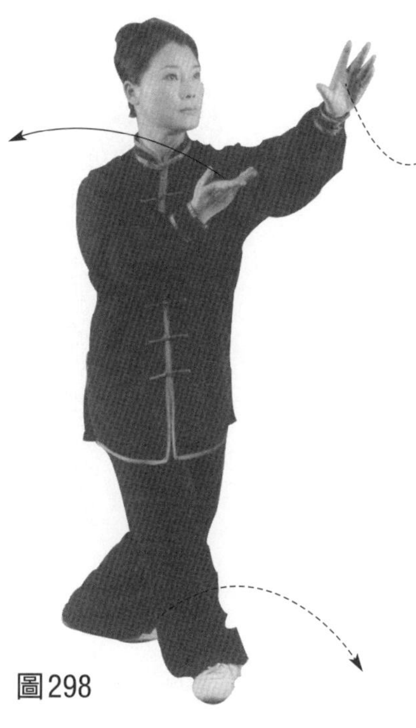

圖298

右腿屈膝，右腳腳尖外擺落於右腳前約30公分外，身體右轉。同時右拳變掌，前臂內旋，左拳經右前臂內側向前上方伸出，掌同鼻高，掌心向前下方，指尖向左前上方；左拳變掌，落於左前臂內下方，拳心向後上方，指尖向前上方，目視左掌方向。見圖298。

【動作要點】落腳穿掌要同時進行。

【動作呼吸】落腳時可一吸一呼完成。

第三段

(二十五)左六封四閉

2. 上步托掌

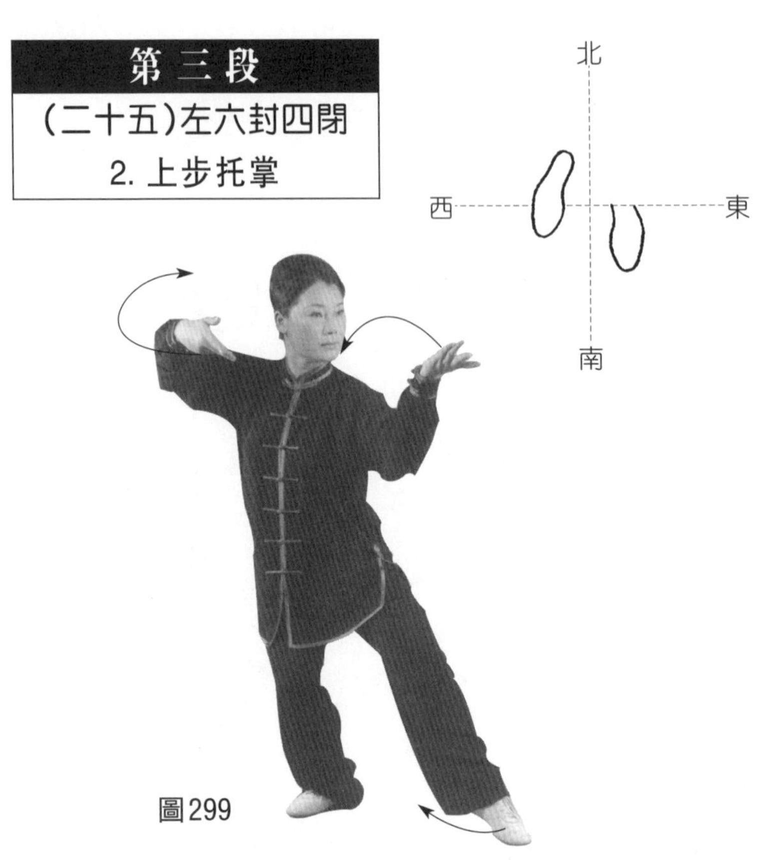

圖299

接上勢，身體右轉大約45°，重點移至右腳並做屈膝，左腳向左前方上一步，腳尖稍內扣。同時隨身體右轉，右掌向下畫弧提至右肩前，稍高於肩，中指、無名指和小指向裏、向上裹勁；左掌向下、向右、向前、向上至身體左前方，拳同肩高，拳心向上，指尖向左前方。目視左掌方向。見圖299。

【動作要點】上步兩掌向上托至胸前時，要有短暫的加速制動，體現出頓挫勁。

【動作呼吸】上步托掌用吸氣。

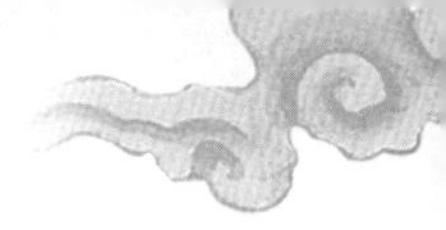

第三段

(二十五)左六封四閉

3. 馬步分掌

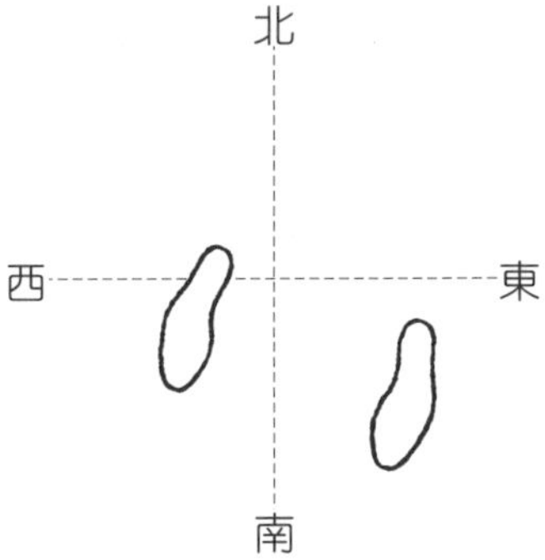

北

西　　東

南

圖300

接上勢，左腿向左前方稍活步，身體微左轉，重點移向左腿。同時兩臂屈肘向裏旋腕，兩掌收至肩前上方，掌心向前上方，指尖向後上方。目視右前方。見圖300。

【動作要點】馬步分拳，是用「回轉」的身法帶動兩臂完成由開到合的動作。

【動作呼吸】馬步分掌用吸氣。

第三段

（二十五）左六封四閉

4. 虛步雙按掌

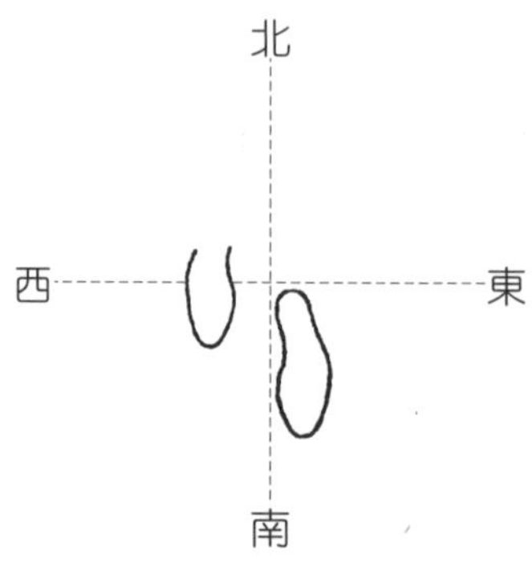

圖301

接上勢，身體左轉大約45°，重心繼續移至左腿，左腿稍蹬起，隨之右腳捋地左移成右併步，同時兩掌經面頰兩側向左前下方按出，拳同腹高，兩掌心斜相對。目視兩掌。見圖301。

【動作要點】在虛步雙按掌中，兩掌向左前下方按出時，兩臂微屈外撐，同時呼氣，含胸拔背。

【動作呼吸】虛步雙按掌用呼氣。

【攻防含義】對方兩手同時向我胸部擊來，我以兩掌由其兩掌中間向左右分開，隨即上左步近身，用兩掌按擊其胸或腹部。

第一個落腳是用腳踩對方踝部，還可以同時用胯和手打對方腹部。

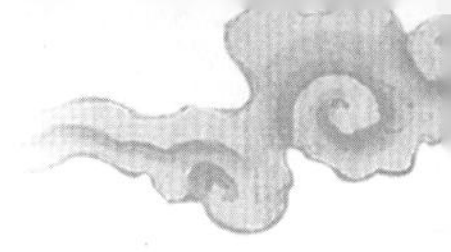

第三段

(二十六)右單鞭

1. 轉腰錯掌

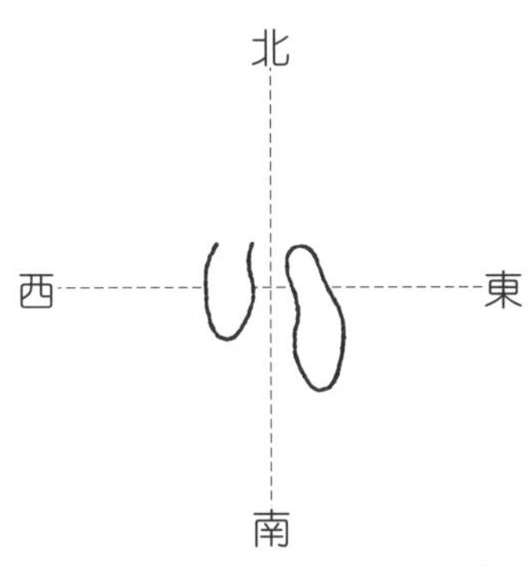

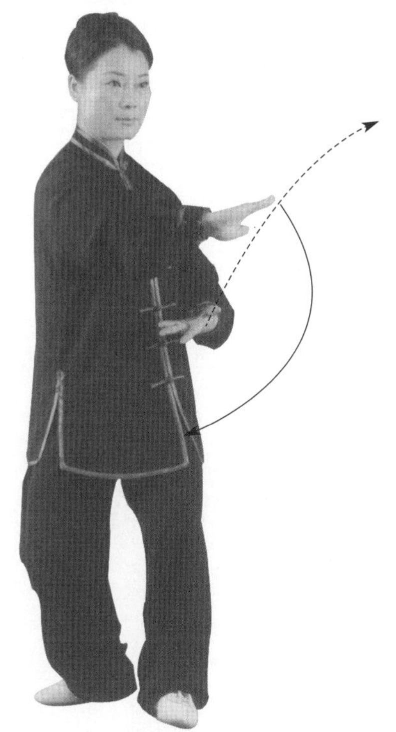

圖302

接上勢，身體微右轉，重心偏於左腿，並屈膝下蹲。同時右掌外旋，掌心向上，收至腹前，指尖向右。左掌屈腕變勾，經左掌心上方向右前上方伸出，與肩同高，勾尖向左。目視右勾尖方向。見圖302。

【動作要領】身體轉時要注意用向右、向左的「回轉」身法。

【動作呼吸】轉腰出勾用呼氣。

第三段

(二十六)右單鞭

2. 轉腰出勾

圖303

接上勢，身體微左轉，重心偏於左腿，並屈膝下蹲。同時左掌外旋，掌心向上，收至腹前，指尖向右。左掌屈腕變勾，經右掌心上方向右前上方伸出，與肩同高，勾尖向左。目視左勾尖方向。見圖303。

【動作要領】身體轉時要注意用向左、向右的「回轉」身法。

【動作呼吸】轉腰出勾用呼氣。

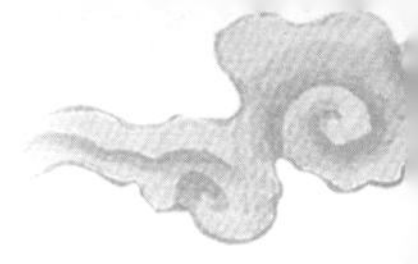

第三段

(二十六)右單鞭

3. 擦步扣腳

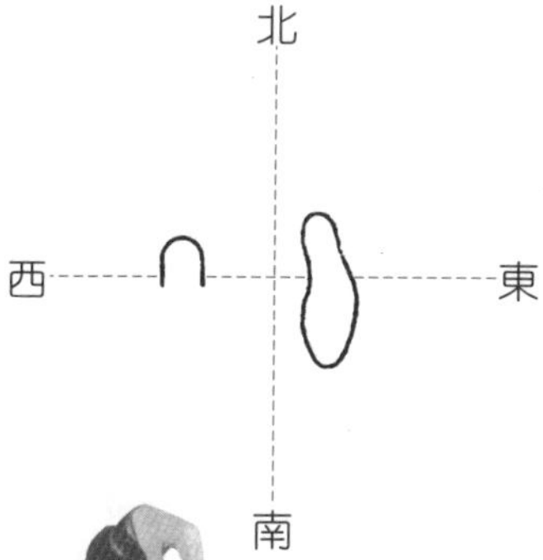

北
西
東
南

圖304

接上勢，重心移至左腿，同時右腳提起，腳跟貼地向右擦出，隨之重心稍移向右腿。兩腳跟相距約三腳半。目視左勾方向。接著，右腳踏實，重心移於右腿，右腳尖稍內扣。目視左勾方向。見圖304。

【動作要領】身體左、右的回轉，注意身法的運用，切勿左右搖晃，失去自己的重心。

【動作呼吸】擦步扣腳用吸氣，再呼氣。

第三段

(二十六)右單鞭

4. 馬步橫

圖305

圖306

接上勢，身體左轉，重心偏於左腿，同時右掌向左肘內側下方穿出，掌心向上，指尖向右前方。目視左掌。

接著，身體右轉大約45°，重心稍移向右腿成右偏馬步。同時右掌內旋，稍向上移，掌心向外，隨即經體前向右畫弧至身體右前方成立掌（手臂大約與身體成45°）。目視右掌。見圖305、圖306。

【動作要領】 在形成單鞭走勢時，沉肩、垂肘、塌腕和鬆腰、沉胯要形成一個完整的鬆沉勁。

【動作呼吸】 馬步橫掌用呼氣。

【注意事項】 要注意節奏的快慢配合，轉折時稍快，抽絲出勾時稍慢；擦步扣腳稍快，馬步拉橫掌稍慢。

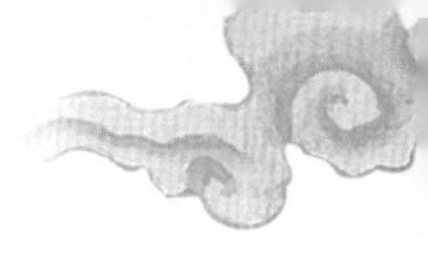

第四段

（二十七）雙震腳

1. 轉身撩掌

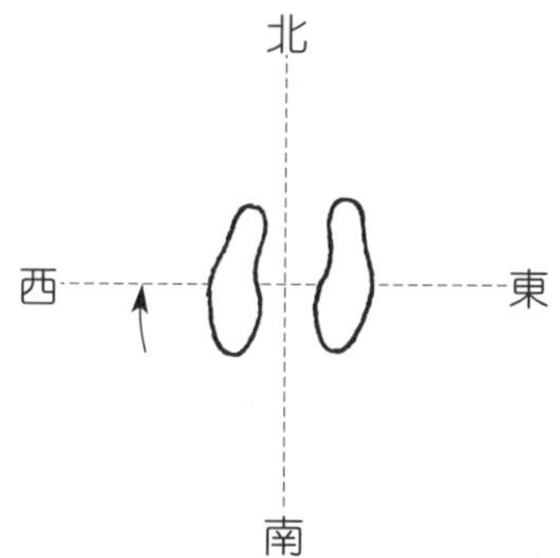

圖307

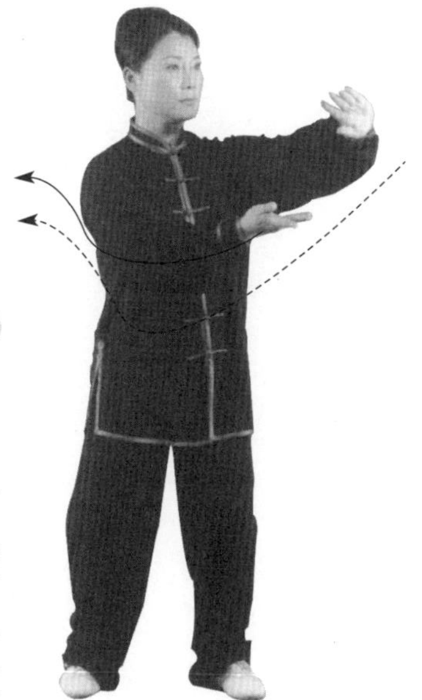

圖308

身體左轉，重心移至左腿，右腿合併腳尖內扣。同時左勾手內旋變掌，掌心向外，指尖向右前上方；右掌隨身體左轉，向下、向左畫弧於腹前，掌心向左前方，指尖向右前方。目視右掌方向。見圖307、圖308。

【動作要點】收腳同時要微屈膝、沉胯、鬆腰。

【動作呼吸】轉身撩掌用吸氣。

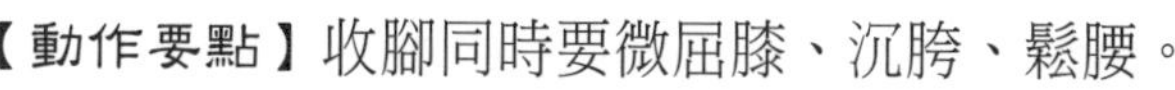

第四段

(二十七)雙震腳

2. 收腳撩掌

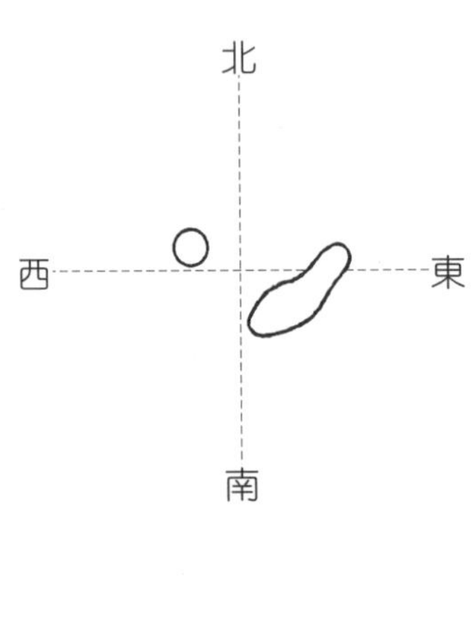

圖309

接上勢，身體右轉大約45°，重心移至右腿，右腿微蹲，左腳收半步至右腿內側，兩腳相距約10公分。同時右前臂內旋，右掌向左、向上、向右畫弧於身體右前方，掌稍高於肩，掌心向外，指尖向左上方；左掌外旋，向下、向右、向前畫弧於右肘旁，掌心向右前方，指尖向左前下方。目視右掌方向。見圖309。

【動作要點】收腳撩掌注意要同時進行。

【動作呼吸】收腳撩掌繼續用吸氣。

第四段

(二十七)雙震腳

3. 收腳提按掌

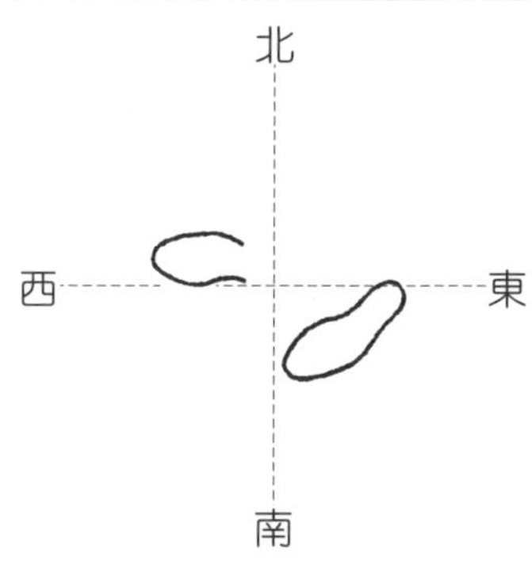

圖310

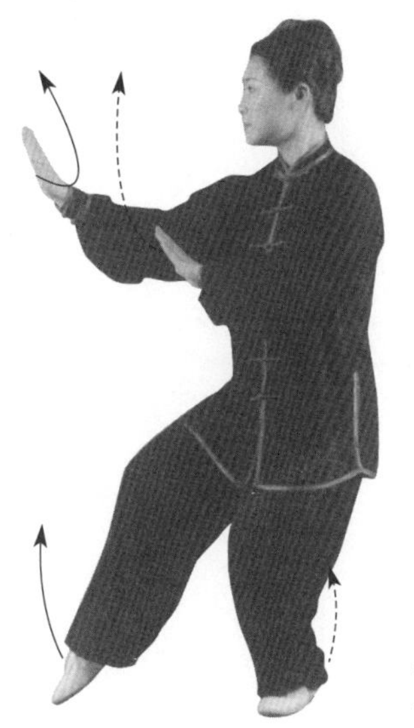
圖311

重心移至左腿並微屈，右腳向前跟步，前腳掌虛著地面，同時左掌繼續向右、向上畫弧，掌心向上，指尖向右前方；右掌外旋，向下、向右、向上、向前托於右胸前，掌心向上，指尖向前。右前臂與左掌背相觸。目視右掌方向。見圖310。

接著，左腿屈膝下蹲，右腳全腳掌虛著地面。同時兩掌內旋，稍下按，掌心向下，指尖向前，左掌在右前臂內側。目視右掌方向。見圖311。

【動作要領】雙手托按掌時，要微屈膝，沉胯、鬆腰。沉肩垂肘、塌掌、呼氣要協調一致，體現出一種向下的暗勁。要鬆沉蓄勁。

【動作呼吸】收腳提按掌用一吸一呼完成。

第四段

(二十七)雙震腳

4. 震腳下揚掌

圖312

接上勢，右腿屈膝向上提起，左腳蹬地，身體上跳騰空。同時兩掌外旋，向上托起，掌同肩高，掌心向上，指尖向前。目視左掌方向。見圖312。

接著，身體下降，左右腳全腳掌依次踏地作響。同時兩掌內旋下揚，掌同胸高，掌心向下，指尖向前。目視右掌方向。見圖313。

圖313

【動作要點】當身體縱起騰空時，要提氣，左腳用力迅速蹬地，兩掌外旋上托要有個裹勁。騰空時身體仍保持正直。有一個向上挺拔的勁。

【動作呼吸】震腳下搨掌先用吸氣再用呼氣。

【攻防含義】對方左手向我胸部打來，我用兩手向上托起對方手臂，右腳下踏其前腳，然後用兩掌搨按其胸前或肋部。

【注意事項】此勢不可用力震腳，兩腳依次落地即可。當左右腳依次踏地時，一定要屈膝鬆胯，用以緩衝，減輕震動。這是陳式太極拳中一個特殊的腿法，注意前腿須先抬，支撐腿小跳，再形成原地依次雙震腳。

第四段

（二十八）玉女穿梭

1. 進步穿掌

圖314

右腳向前進半步，重心向前移向右腿。同時右手直向前穿出，掌同咽喉高，掌心向下，指尖向前，左掌稍後收，掌心向下，指尖向前。目視右掌方向。見圖314。

【動作要點】注意右腳進步和右掌前穿與後面動作的身體躍起和左掌穿出要連貫協調。

【動作呼吸】進步穿掌用吸氣。

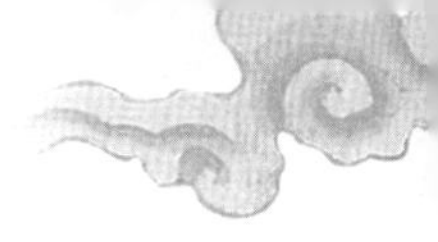

圖315

圖316

【攻防含義】用法以掌指連續穿擊對方喉部或胸部。見圖315、圖316。

第四段

(二十八)玉女穿梭

2. 跳插步穿掌

圖317

圖318

接上勢，右腳蹬地跳起，左腿前擺，身體躍起騰空右轉。同時右掌收落於左肘內下方，掌心向下，指尖向左；左掌經過右掌上方向前穿出，掌同肩高，掌心向下，指尖向左。目視左掌方向。見圖317。

接著，左腳落地，右腳向左腳後方下落成右插步，向下，指尖向左；右掌收落於腹左前側，掌距腹約10公分，掌心向下，指尖向左。目視左掌方向。見圖318。

【動作要領】跳步為了轉身做好準備。意識遠放。

【動作呼吸】跳插步穿掌用呼氣。

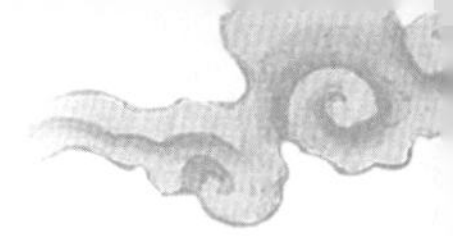

第四段

(二十八)玉女穿梭

3. 轉身收腳合手

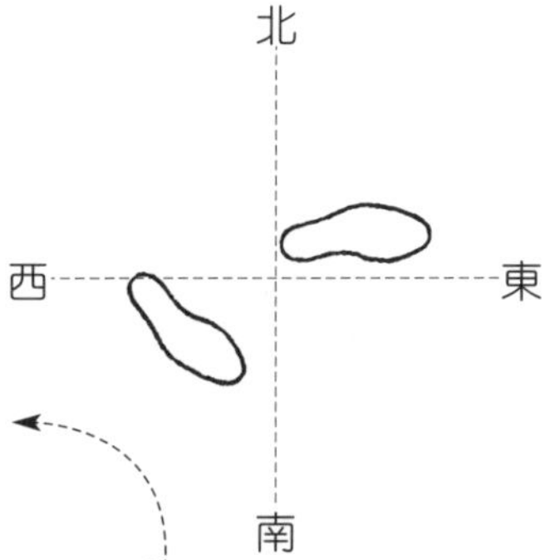

北

西 東

南

圖319

接上勢，身體右後轉，隨之左腳尖內扣，右腳尖外擺，重心稍移向右腿。同時右掌隨身體右轉向右後上方畫弧於右肩前，掌稍高於肩，掌心向外，指尖向左上方；左掌向下、向左上畫弧於身體左側，掌同腰高，掌心向前下方，指尖向左前上方。目視右掌。見圖319。

接著，身體微左轉，重心移向左腿，右腳向左腳內側回收，前腳掌著地，右腿屈膝。左腿屈膝下蹲，同時左掌向上、向右畫弧於左胸前，掌心向左，指尖向前，目視左掌。見圖320。

圖320

圖321

同時，身體繼續左轉，兩手臂繼續內合；同時重心移至左腿，右腿提起，用後腳跟內側著地，向右側擦步，全腳掌落地踏實，成左弓步合手，目視右掌方向。見圖321。

【動作要領】上下肢動作要配合好，注意身體重心，不要在轉身時傾斜。

【動作呼吸】轉身收腳合手先用吸氣再用呼氣完成該動作。

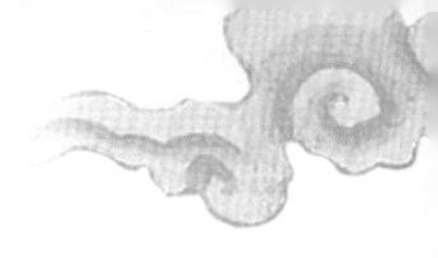

第四段

(二十八)玉女穿梭

4. 馬步拉掌

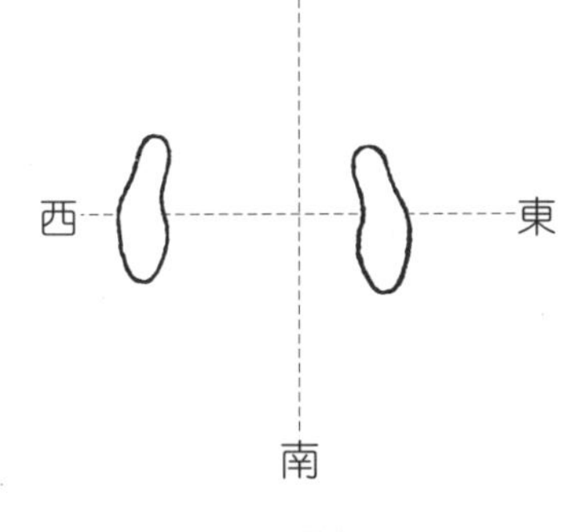

圖322

圖323

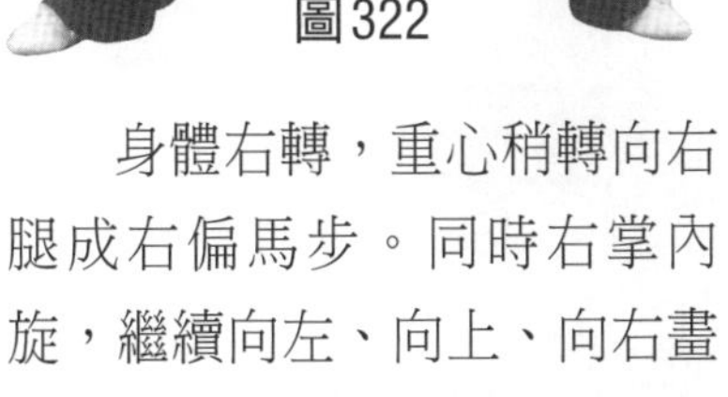

身體右轉，重心稍轉向右腿成右偏馬步。同時右掌內旋，繼續向左、向上、向右畫弧於身體右前方，掌稍高於肩，掌心向外，指尖向左上方；左掌向右、向下畫弧，經右上臂內側落於腹前，掌心向右下方，指尖向右上方。目視右手方向。見圖322、圖323。

【動作要點】右手拉掌不要太多，準備後勢動作的連貫。

【動作呼吸】馬步拉掌可用一吸一呼完成。

【注意事項】玉女穿梭動作中的躍步注意屈膝點腳，不要直腿，避免受傷。跳時宜遠不宜高，身隨手走，動作要迅速、連貫、沉穩。年老體弱者可不跳躍，改為上步插步轉身的做法。

第四段

（二十九）獸頭勢

1. 轉腰下捋

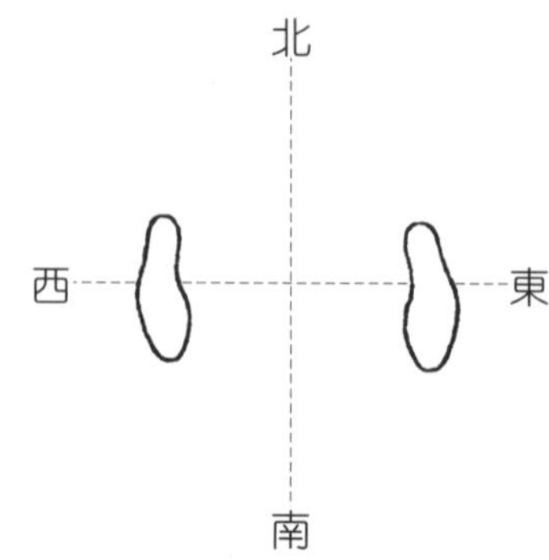

圖324

身體左轉，重心稍移向左腿；同時右手向前、向左下捋，左手隨之向左後移動，目視右手方向。見圖324。

【動作呼吸】轉腰下捋用吸氣。

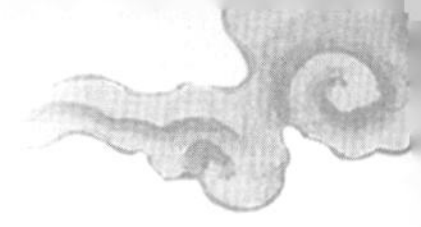

第四段

(二十九)獸頭勢

2. 按掌提腕

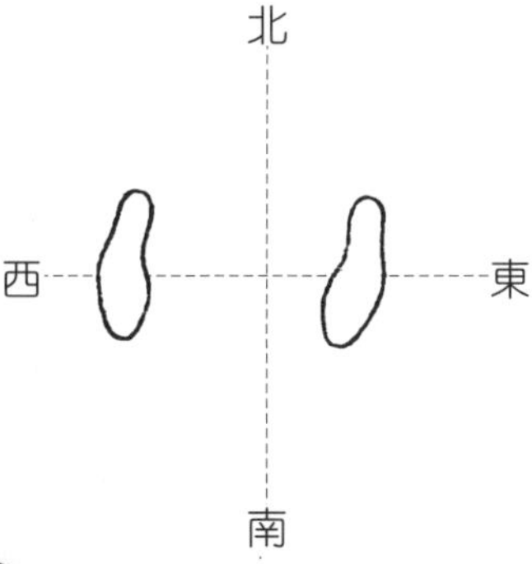

圖325

身體右轉大約45°，重心轉於右腿，同時右掌繼續向下、向左畫弧於左腹前，掌心向左指尖向前；左臂屈肘，屈腕，向上提於右胸前，掌心向左，指尖向下，目視右掌。

接著，身體微左轉，重心稍左移。同時兩掌變拳，左拳向前、向下畫弧於右腹前，拳心向內，拳眼向上；右拳經左前臂內側由下向上提於胸前，拳心向裏，拳眼向上。目視右拳方向。見圖325。

【動作要點】按掌提腕的同時，注意兩掌抓拳以脊背為軸帶動兩手臂運行動作。

【動作呼吸】按掌提腕和握拳繞臂一吸一呼。

第四段

(二十九)獸頭勢

3. 馬步裹拳

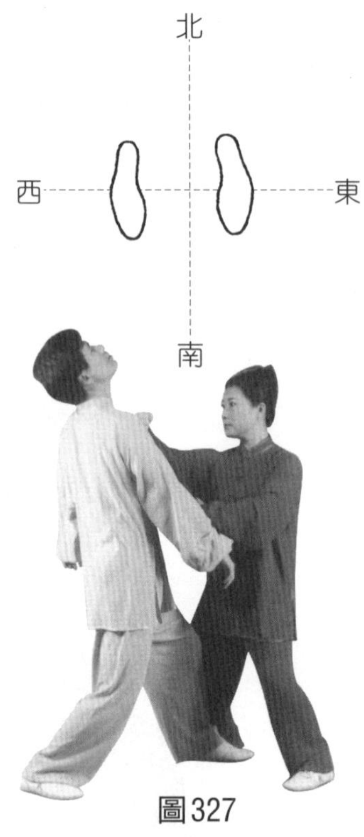

圖326

圖327

接上勢，身體微左轉大約45°，重心稍左移，兩腿屈膝下蹲成右偏馬步。同時左前臂斜置於右胸前肘下垂，右拳外旋微屈腕，拳同肩高，拳心向裏，拳眼向上，左前臂橫於胸前，左拳附於右肘內側，拳心向裏，拳眼向上。目視右拳方向。見圖326。

【動作要點】雙手握拳要有一個向前的掤勁。

【動作呼吸】馬步裹拳用呼氣。

【攻防含義】兩臂沉肩壓其肘，右臂上提撅其臂。如對方欲解脫，則隨即近身，以右拳背擊對方胸部。見圖327。

【注意事項】馬步裹拳中，兩臂在體前上下的內外互相纏繞時用的是「提抽」身法，以腰帶動兩臂纏繞八字，定勢時背部圓撐。這就是「氣貼背，支撐八面」。原地纏繞弧形運動，一定要以身帶兩臂纏繞，以內擊外。

第四段

(三十)雀地龍

1. 懸腕擺動

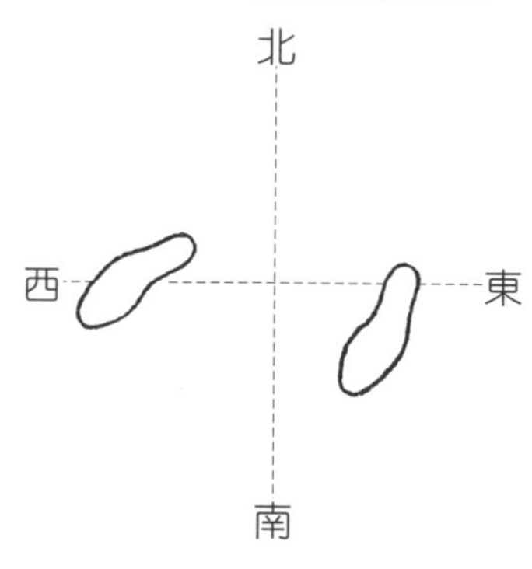

圖328

身體微左轉，同時兩腕放鬆，兩拳變掌，右掌內旋，掌心向下，指尖向左下方；左掌外旋，掌心向上方，指尖向左前方。目視右掌。見圖328。

圖329-1

接著，身體右轉大約45°，重心移至右腿成右馬步。同時右掌向左、向上、向右畫弧，旋腕稍展臂，掌同眉高，掌心向外，指尖向左前方；左掌向下、向左、向上、向右畫弧，內旋腕稍屈臂，掌心向外，指尖向左前上方。目視左掌方向。見圖329-1。

【動作要點】在身體向左、向右移動，是運用「回轉」的身法帶動兩掌做「折疊」手法。

【動作呼吸】旋腕擺掌用深吸氣。

第四段

(三十)雀地龍

2. 弓步合掌

圖329-2

圖330

接上勢，身體左移大約45°，右腳微內扣，左腳尖外擺，重心移至左腿成左弓步。同時身體左轉。右掌向下、向左、向前、向上畫弧並外旋，掌同鼻高，掌心向右，指尖向前上方；左掌外旋，向下、向左、向前畫弧，掌心向左，指尖向前。目視左掌方向。見圖329-2、圖330。

【動作要領】兩手臂合掌一定要有意識地擒住對方手臂的肘和腕關節處。纏繞時兩手臂各旋轉一圈，再做弓步。

【動作呼吸】弓步合掌用呼氣。

第四段

(三十)雀地龍

3. 握拳後坐

圖331

圖332

接上勢，身體右轉大約45°，重心移於右腿，右膝屈蹲。同時兩掌變拳，右拳自腹前上撩，並在胸前隨身體右轉向右、向上畫弧並稍內旋，拳同眉高，拳心向左下方；右臂屈畫弧，拳心向裏。目視左拳方向。見圖331、圖332。

【動作要領】身體後坐時，先形成一個右弓步，再過渡到仆步動作。

【動作呼吸】握拳後再用吸氣。

第四段

（三十）雀地龍

4. 仆步穿拳

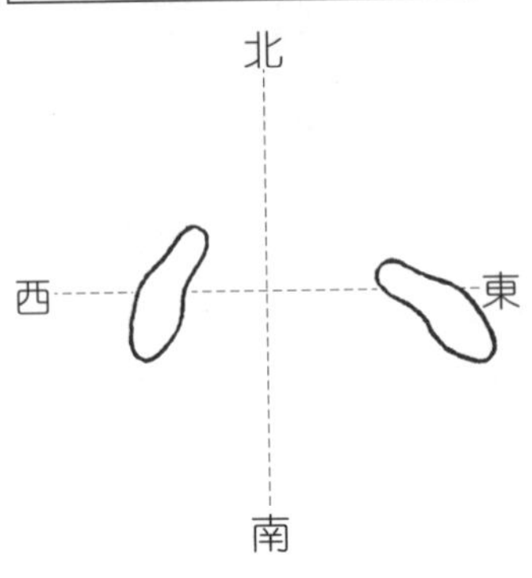

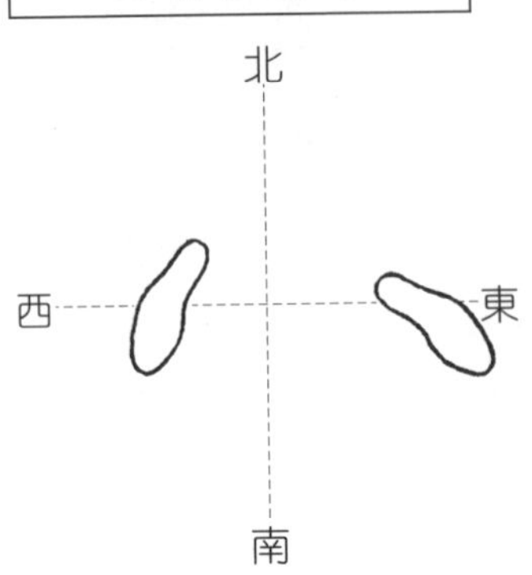

圖334

圖335

接上勢，身體微左轉大約45°，右腿屈膝全蹲，左腿伸直下仆，同時左拳向下、向左經腹前沿左大腿內側外旋穿出，拳眼向上；右拳向右上方伸出，拳心向左下方。目視左拳方向。見圖334。

【動作要點】在做仆步下勢時，身體要保持中正。年老體弱者可不下蹲。

【動作呼吸】仆步穿拳用呼氣。

【攻防含義】設對方右拳向我胸部打來，我以右手黏其手腕向右上方捋其臂，隨之下勢，我以左腳插在對方腿後面管其腳，以左手臂穿至襠下扛摔對方。見圖335。

【注意事項】開胯圓襠。身體虛實分明，重心在一條腿上。

第四段

(三十一)上步七星

1. 上步架拳

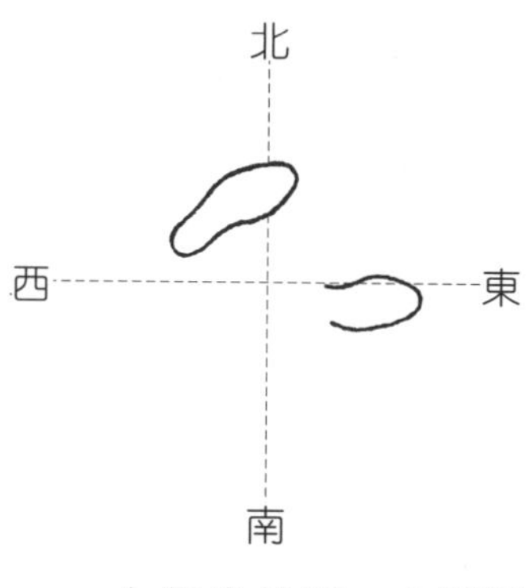

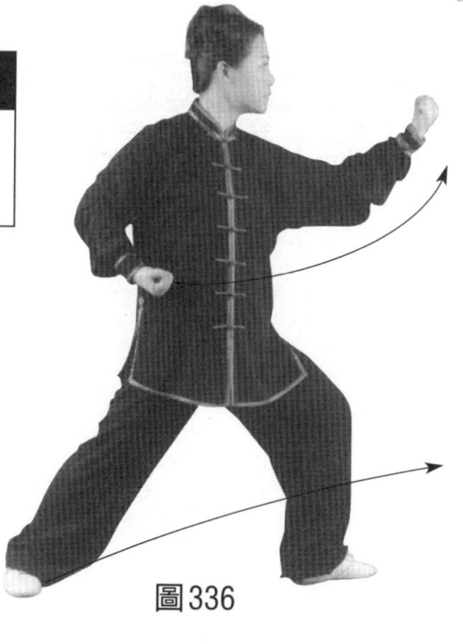
圖336

左腳尖外擺，右腿蹬起，身體微左轉，重心移向左腿成左弓步。同時左拳向前、向上弧形沖起，位於身體左前方，拳同下頜高，拳心向裏；右拳向下畫弧落於右胯旁，拳心向左前方。目視左拳。見圖336。

圖337

接著，右腳前腳掌擦地經左腳內側向前上步，右膝微屈，以前腳掌著地。同時左拳微外旋，稍向裏合，右拳稍外旋，向下、向前經左腕外側向上沖起，兩拳以腕部交叉抱於胸前，兩拳心皆向裏。目視兩拳方向。見圖337。

【動作要領】右腳上步與左拳上沖要協調一致。

【動作呼吸】上步架拳用呼氣。

第四段

(三十一)上步七星

2. 內旋撐掌

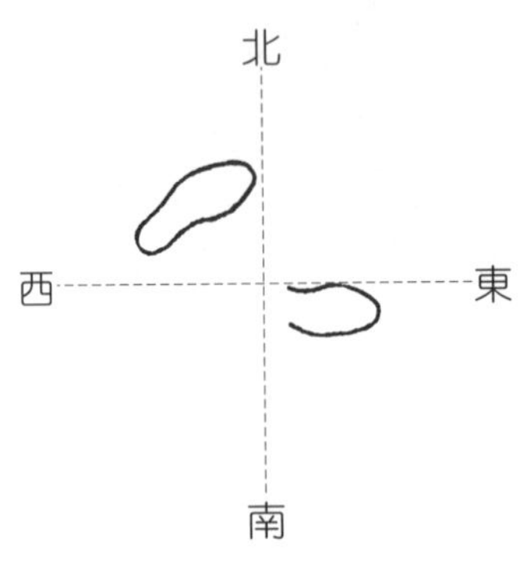

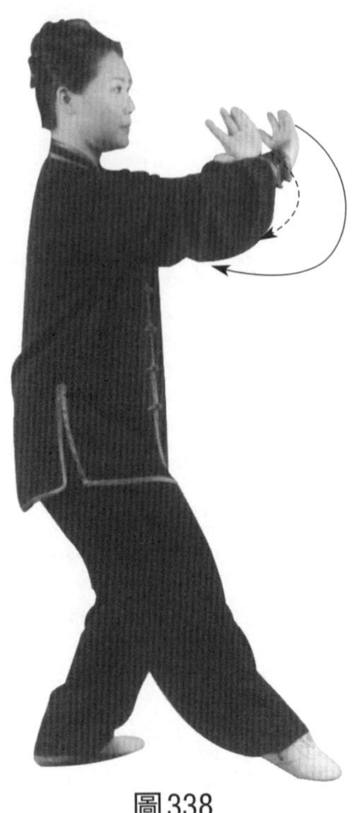

圖338

接上勢，兩拳以腕相貼的交叉點為軸，同時內旋向裏、向下、向前繞一小圓後變掌外撐，掌心向外。目視兩掌方向。見圖338。

【動作要領】以脊椎骨帶動兩手臂。兩掌外撐的同時，脊背要有向後的撐勁。

【動作呼吸】內旋撐掌用一吸一呼完成。

【攻防含義】當對方雙手抓我兩腕時，我即屈臂，兩拳內旋交叉解脫，隨之變掌推擊對方胸部。

【注意事項】可以全身發力，用拳、背、腿和腰等。

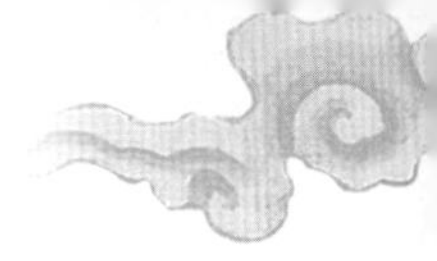

第四段

(三十二)退步跨虎

1. 外旋握拳

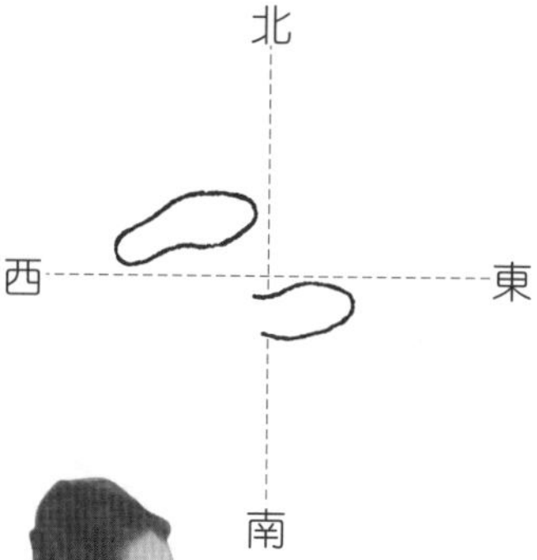

北

西　　東

南

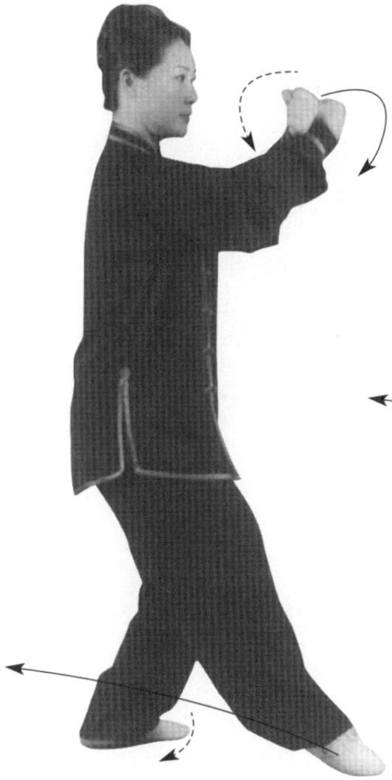

圖339

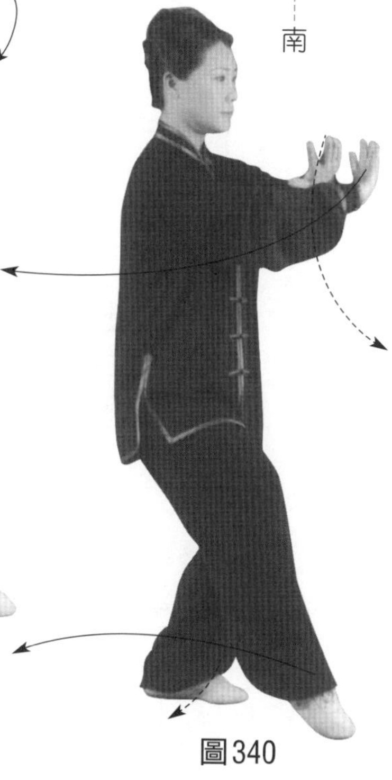

圖340

兩掌在胸前仍以兩腕相貼的交叉點為軸，由掌變拳外旋，向外、向下、向裏翻轉，左拳在外，右拳在裏，拳心皆向裏。目視兩拳方向。見圖339、圖340。

【動作要領】以脊椎骨帶動兩手臂。

【動作呼吸】外旋握拳用呼氣。

第四段

(三十二)退步跨虎

2. 撤步分掌

圖341

接上勢，右腳後撤一步，身體右轉大約45°，左腿下蹬，同時兩拳內旋變拳，右掌在上，兩拳心向下，隨身體右轉向下、向左右分於兩膝上方，左掌心向左下方，右掌心向右下方。目視右掌方向。見圖341、圖342。

【動作要領】撤步分掌要用快速的力量，意識撥開對方的進攻。

【動作要點】撤步分掌用吸氣。

【攻防含義】對方用腳踢我左腿或襠部時，我左腿後撤，向右轉身閃開，並用左手護膝防其腳踢，這是一個防守的連續動作。見圖343。

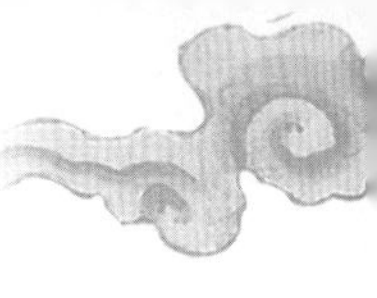

圖342

圖343

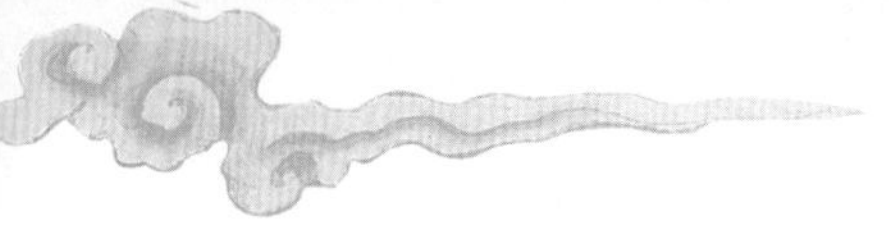

第四段

(三十二)退步跨虎

3. 收腳合臂

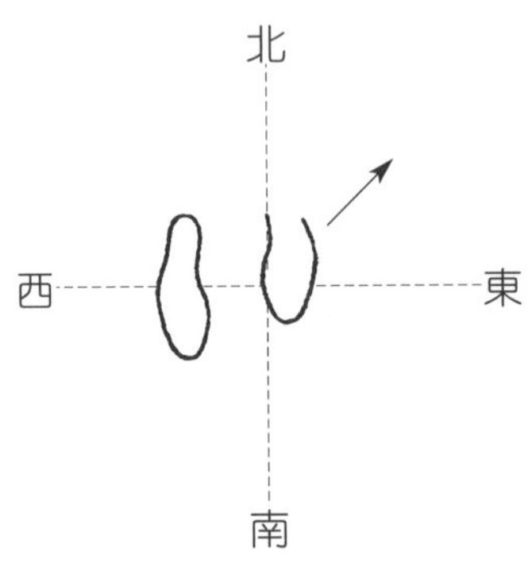

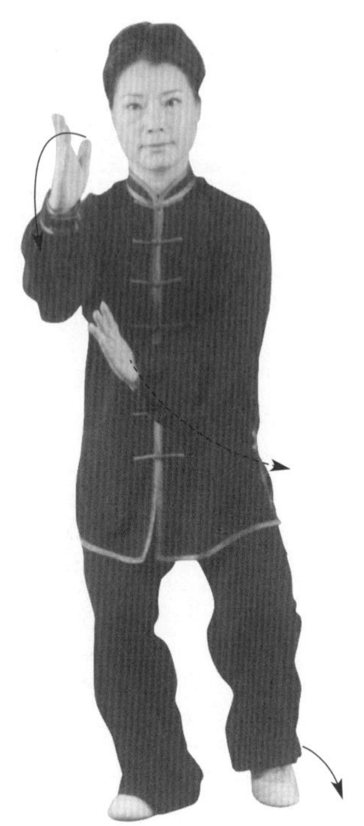

圖344

接上勢，重心移於右腿，左腿收至右腳內側，前腳掌著地，兩腿微蹲。同時右掌繼續向右、向上、向左畫弧外旋，屈臂立掌於右胸前，指尖同頭高，掌心向左；左掌繼續向左、向上、向右、向下畫弧外旋，附於右肘的下方，掌心向右，指尖向上。目視右掌。見圖344。

【動作要領】收腳合臂要屈膝沉胯，與右上左下兩手內合形成一個整勁。

【動作呼吸】收腳合臂用呼氣。

【攻防含義】注意合臂要封住對方的肘和腕。

【注意事項】此動作要一氣呵成。

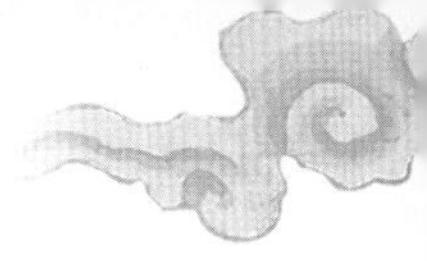

第四段

(三十三)轉身擺蓮

1. 擺腳按掌

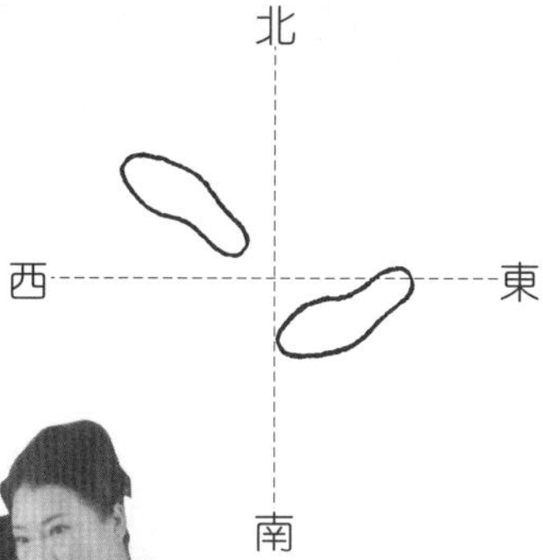

圖345

圖346

左腳跟落地，重心稍向左移，兩腿仍稍蹲，右腳尖外擺，隨之重心向前全部移至右腿，身體右轉。同時右掌向下、向右、向上畫弧並內旋，掌心向外，指尖向左前方；左掌向下，向左內旋畫弧於胯旁，掌心向下，指尖向前。見圖345、圖346。

【動作要領】兩腳外擺同時要重心下沉，兩手臂向兩側撐圓。

【動作呼吸】擺腳按掌用吸氣。

第四段

（三十三）轉身擺蓮

2. 提膝分掌

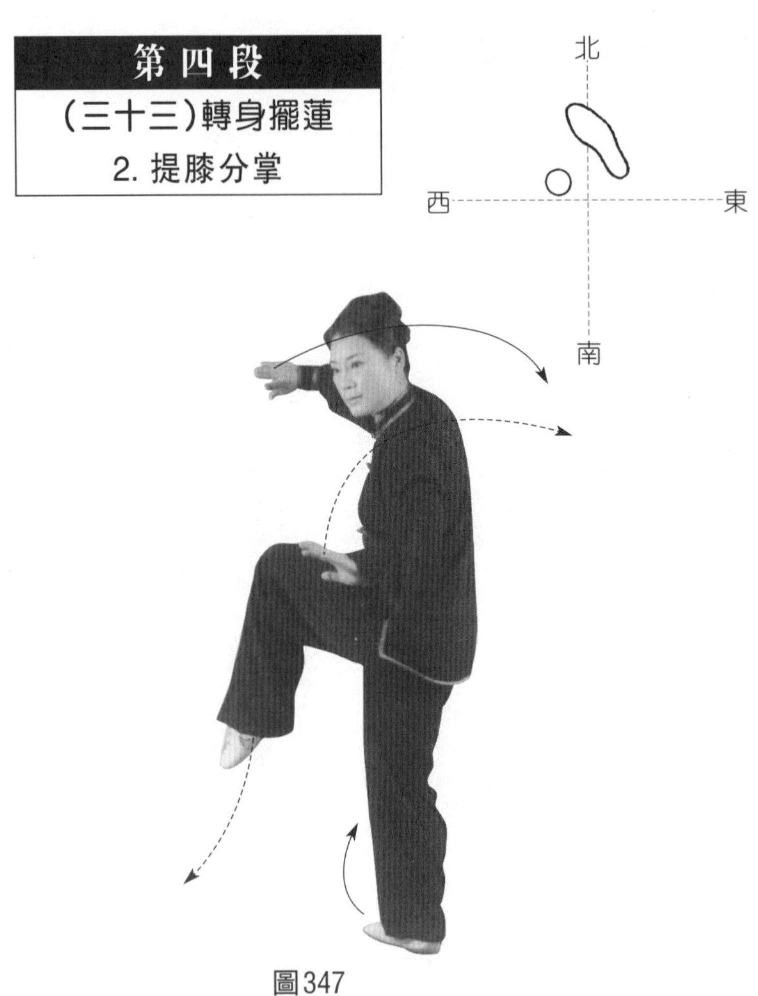

圖347

接上勢，左腿隨身體右轉向右、向上屈膝提起。目視左前方。見圖347。

【動作要領】提膝分掌要借助右手的上擺，來帶動左腿屈膝提膝。

【動作呼吸】提膝分掌用吸氣。

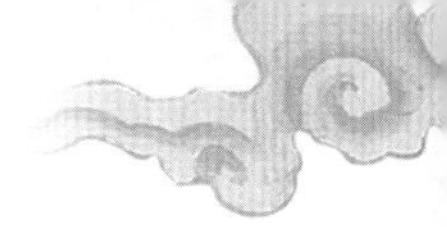

第四段

(三十三)轉身擺蓮

3. 轉腰擺掌

圖348

接上勢，身體繼續向右後轉(胸向東)，左腳隨身體轉動，腳尖向內扣，向西北方落下，重心移至左腳；右腿屈膝，右腳跟抬起，前腳掌虛著地面。同時兩掌隨身體右轉向右畫弧，右掌於身體右側，臂微屈，掌心向下，指尖向右；左掌於右胸前，掌心向下，指尖向右。目視右手方向。見圖348。

【動作要領】轉腰時注意身體重心不要起伏。

【動作呼吸】轉腰擺掌用吸氣。

第四段

(三十三)轉身擺蓮

4. 擺腿拍腳

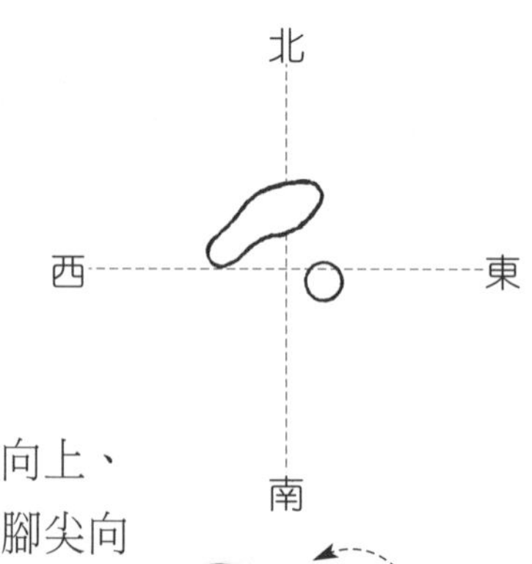

接上勢，右腿屈膝向左、向上、向右弧形擺起，右腳同胸高，腳尖向上。同時左右掌向左、向上依次去拍右腳面外側，兩掌心皆向左。目視右腳方向。見圖349。

圖349

【動作要領】腰帶手腳發力。擺腿拍腳在右腿弧形上擺之前，要屈膝、合胯、鬆腕。

【動作呼吸】擺腿拍腳用呼氣。

【攻防含義】對方從前面用右腳踩我左腿，我左腿向右後落步，轉身閃開，隨即擺右腿還擊肋部和腰背部。見圖350。

【注意事項】年老體弱和腿部柔韌性較差者，可屈膝擊拍腳面外側或兩手在腳面上方掠過都可以。要突出擺蓮腿的弧度，屈膝外擺依次右左手擊響右腳面。

圖350

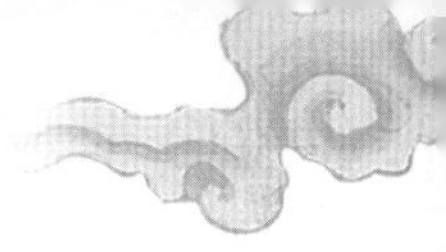

第四段

(三十四)當頭炮

1. 落腳推掌

北
西 東
南

圖351

圖352

右腳向右落地，身體微左轉。同時兩臂向左前方伸展，掌同胸高，兩掌心皆向左下方。目視右掌方向。見圖351、圖352。

【動作要領】雙手拍完腳背，右腿屈膝緩衝，再輕輕落地。

【動作呼吸】落腳推掌用呼氣。

第四段

（三十四）當頭炮

2. 扣腳右捋

圖353

接上勢，身體右轉，重心移於右腿，左腳尖稍內扣。同時左掌外旋，右掌內旋隨身體向右側畫弧，右掌稍高於肩，掌心向右前方，指尖向左前上方。左掌同胸高，掌心向右，指尖向左前上方。目視右掌方向。見圖353。

【動作要領】注意動作的上下肢協調。

【動作呼吸】扣腳右捋用吸氣。

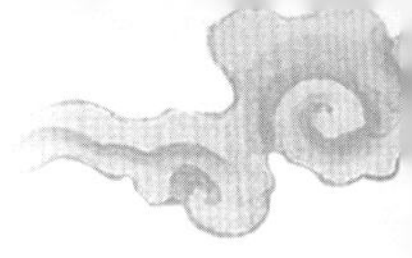

第四段

(三十四)當頭炮

3. 擺拳收拳

圖354

接上勢，重心移於左腿，體微左轉，右腳尖稍外擺。同時右掌外旋下捋變拳，屈肘收於腰間，拳眼向上。目視右拳方向。見圖354。

【動作要領】擺腳收拳動作，兩掌向左下方捋時要鬆腰沉胯，身體左轉，充分蓄勁。

【動作呼吸】擺腳收拳用吸氣。

第四段

(三十四)當頭炮

4. 弓步掤打

圖355

圖356

接上勢，重心移於右腿成右弓步，身體稍右轉大約45°。同時右前臂橫於胸前向右前方掤擊，拳心向裏，拳眼向上；左臂微屈，向右前方微衝，左拳距右腕內側約10公分，拳眼向上，目視左拳方向。見圖355。

【動作要點】在弓步掤打中，形成右弓步與兩臂前衝要快速協調一致。

【動作呼吸】弓步掤打用呼氣。

【攻防含義】當對方右拳向我擊來，我以兩手黏其右臂向左下捋來，隨即以右拳和右前臂猛然掤擊對方胸部或腹部。見圖356。

【注意事項】當頭炮是抖發勁動作。在發勁過程中，

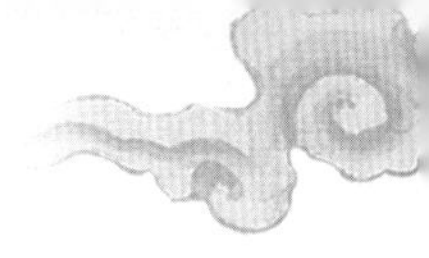

有抓拳、下捋、纏繞、蓄勁四個勁，然後左腳蹬地，屈膝沉胯，迅速向右轉腰，力達兩拳，以左助右，迅速制動，形成抖勁。力由下肢固定蹬地，腰脊背轉動，手臂屈伸組成合力。區別於其他拳法的是用掤打，右臂橫臂掤，左下暗拳前打，以腰胯帶動兩臂拳。

第四段

（三十五）左金剛搗碓

1. 後坐捋掌

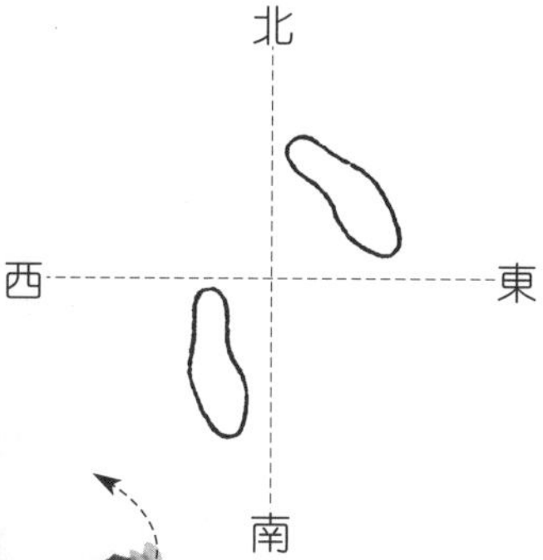

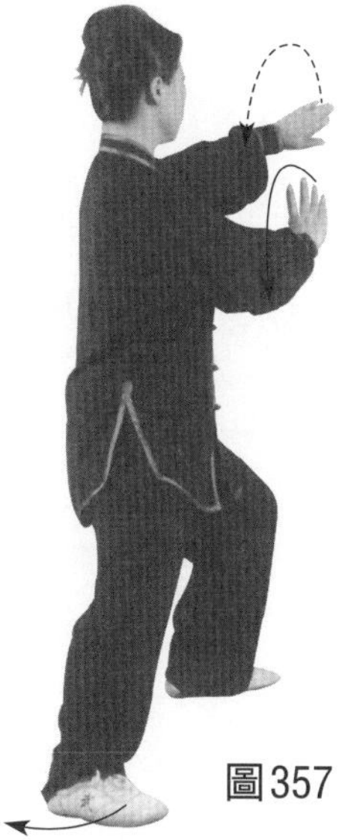

圖357

圖358

重心先微向前移再移向左腿，身體左轉。同時兩拳變掌，右掌外旋，左掌內旋隨身體左轉向左側畫平弧，左掌同肩高，掌心向外，指尖向右；右掌同胸高，掌心向外，指尖向右。目視右掌方向。見圖357、圖358。

圖359

【動作要點】重心移到左腿，不要轉動太大，以防身體重心歪斜。

【動作呼吸】後坐左捋掌用呼氣。

【攻防含義】對方左掌向我擊來，我以兩手黏其左臂向右下捋來，使對方失去重心。見圖359。

第四段

(三十五)左金剛搗碓

2. 上步撩掌

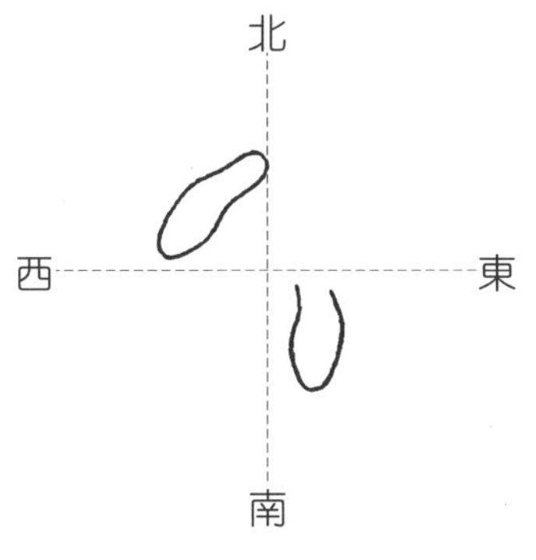

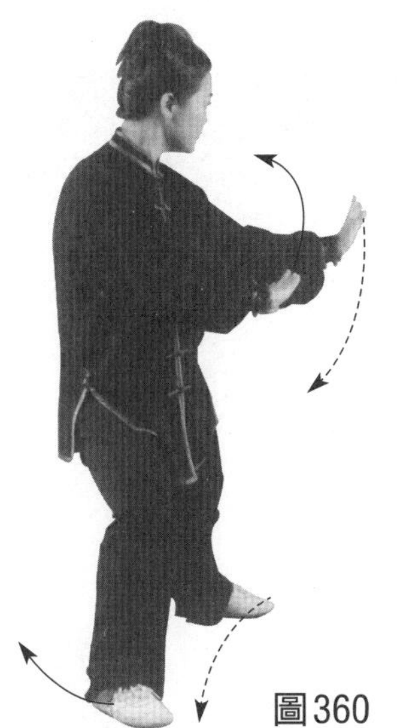

圖360

接上勢，身體稍右轉，右腳尖外擺，腳尖向西南約45°，重心移於左腿。同時右掌內旋，繼續向左、向下畫弧至體前，同腹高，掌心向前下，指尖向左前方；左掌外旋，繼續向左、向下畫弧於左胯旁，掌心向下，指尖向左。目視右掌方向。見圖360。

圖361

接著，重心移至右腿，身體繼續右轉大約45°。隨之左腳前腳掌接地向前上步，腳前掌虛著地面，左腿微屈。同時左掌前撩於左胯前，掌心向前方；右掌外旋，向上、向裏、向下畫弧橫於左前臂上方，掌心向後上方。目視左掌。見圖361。

【動作要點】上步撩掌要同時進行。

【動作呼吸】上步撩掌用呼氣。

第四段

(三十五)左金剛搗碓

3. 提膝握拳

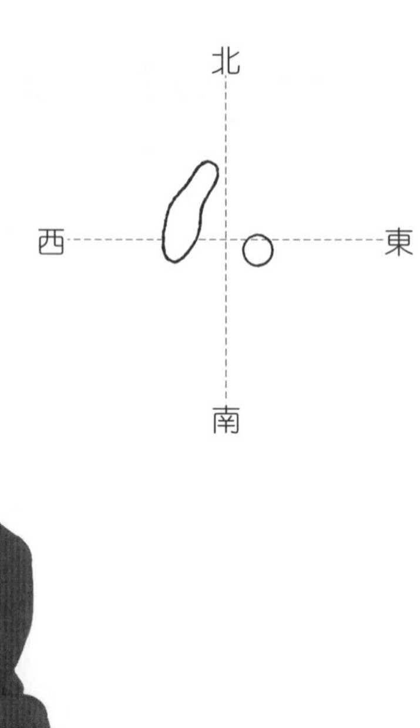

圖362

接上勢，左掌變拳，屈肘上提至同胸高，拳心向上，與左掌背上下相對。同時左腿屈膝上提，腳尖自然下垂；右腿稍蹬直。目視左掌方向。見圖362。

【動作要領】提膝握拳要同時進行。

【動作呼吸】提膝握拳用吸氣。

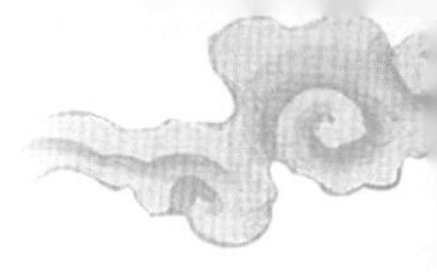

第四段

（三十五）左金剛搗碓

4. 震腳砸拳

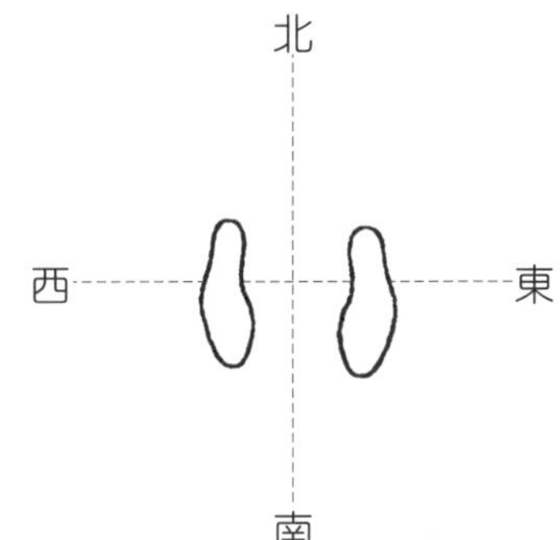

圖363

接上勢，右腿屈膝半蹲，隨之左腳全腳掌踏地，兩腳平行，相距約20公分。同時左拳砸落於右掌心內，拳心向上。目視左拳方向。見圖363。

【動作要領】震腳砸拳要同時進行。

【動作呼吸】震腳砸拳用呼氣。

第四段

(三十六)收　勢

1. 屈膝托掌

圖364

重心移至兩腿之間，兩腿緩緩蹬起。同時左拳變掌，兩掌同時提於胸前，掌心皆向上。目視前方。見圖364。

【動作要領】屈膝托掌要同時進行。

【動作呼吸】兩腿緩緩蹬起，隨著兩掌托起，用吸氣完成。

【注意事項】身體要自然、直立、沉穩，呼吸自然。

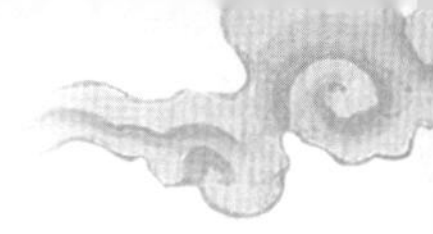

第四段

（三十六）收　勢

2. 翻拳分手

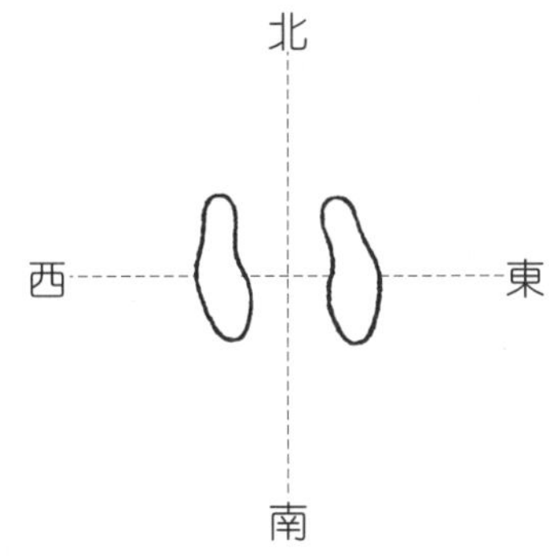

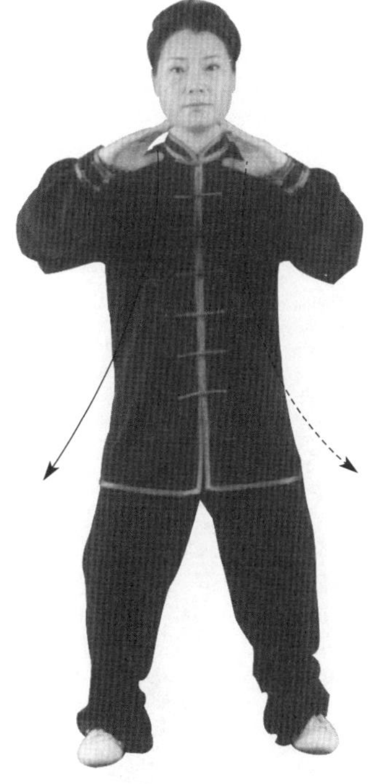

圖365

接上勢，身體稍直。同時兩掌內旋，左右分開，同肩高，掌心向下。見圖365。

【動作呼吸】翻掌分手與屈膝托掌，用一個吸氣完成。

【注意事項】動作要緩慢，精神要集中。

第四段

(三十六)收　勢

3. 直立下按

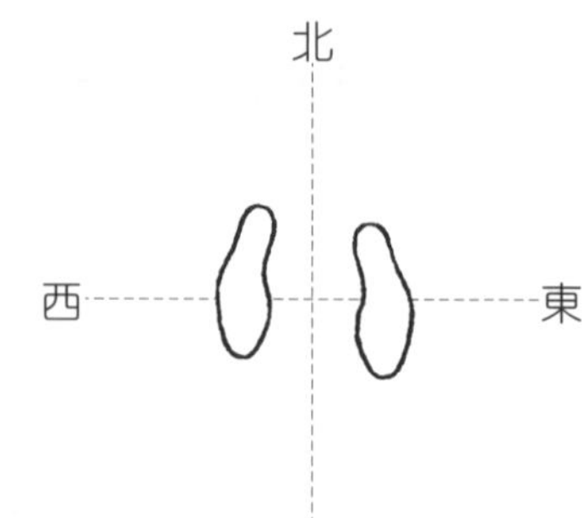

圖366

接上勢，兩腿慢慢伸起，兩臂內旋，掌心向下，慢慢下落於身體兩側。見圖366。

【動作呼吸】雙手下按時，用呼氣。

【注意事項】注意調整呼吸，斂神，保持身體中正。

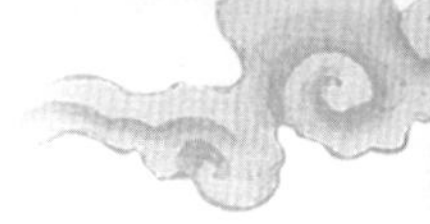

第四段

（三十六）收　勢

4. 併步直立

北
西　東
南

圖367

接上勢，左腳向右腳併攏直立。雙目平視前方。見圖367。

【動作要領】調整呼吸，斂神靜心，呼吸要自然，身體保持中正。

【動作呼吸】併步收勢時採用吸氣。接著再深呼一口氣。

【注意事項】收勢動作要緩慢，精神、勁力要貫徹始終，不可鬆懈。身體要自然、沉穩，調整呼吸，斂神靜心。

參考文獻

闞桂香・陳式太極拳、劍——三十六式・合肥：安徽科學技術出版社，1997

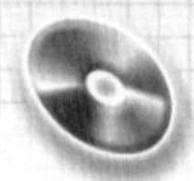

太極武術教學光碟

太極功夫扇
五十二式太極扇
演示：李德印 等
(2VCD)中國

夕陽美太極功夫扇
五十六式太極扇
演示：李德印 等
(2VCD)中國

陳氏太極拳及其技擊法
演示：馬虹(10VCD)中國
陳氏太極拳勁道釋秘
拆拳講勁
演示：馬虹(8DVD)中國
推手技巧及功力訓練
演示：馬虹(4VCD)中國

陳氏太極拳新架一路
演示：陳正雷(1DVD)中國
陳氏太極拳新架二路
演示：陳正雷(1DVD)中國
陳氏太極拳老架一路
演示：陳正雷(1DVD)中國
陳氏太極拳老架二路
演示：陳正雷(1DVD)中國
陳氏太極推手
演示：陳正雷(1DVD)中國
陳氏太極單刀・雙刀
演示：陳正雷(1DVD)中國

郭林新氣功
(8DVD)中國

本公司還有其他武術光碟
歡迎來電詢問或至網站查詢
電話：02-28236031
網址：www.dah-jaan.com.tw

原版教學光碟

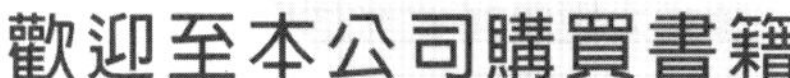

東華街二段
東華街一段
公車站
往北投、淡水
1 ▶2 捷運石牌站2號出口
往明德站(台北方向)
西安街二段
西安街一段
公車站
榮光公園
水果店
西安街一段293巷
長榮便利商店
往榮總、天母
石牌國中
石牌路一段166巷
石牌路一段
大台北銀行
自強街
致遠公園
公車站
大展品冠
致遠一路二段12巷
公車站
石牌國小
全家便利商店
致遠二路
致遠一路二段
致遠一路一段
陽信銀行
7-11
郵局
華南銀行
公車站
公車站
石牌路一段
自強街
石牌公車站
石牌派出所
往北投、淡水
承德路七段
文林北路
石牌公車站
承德路六段

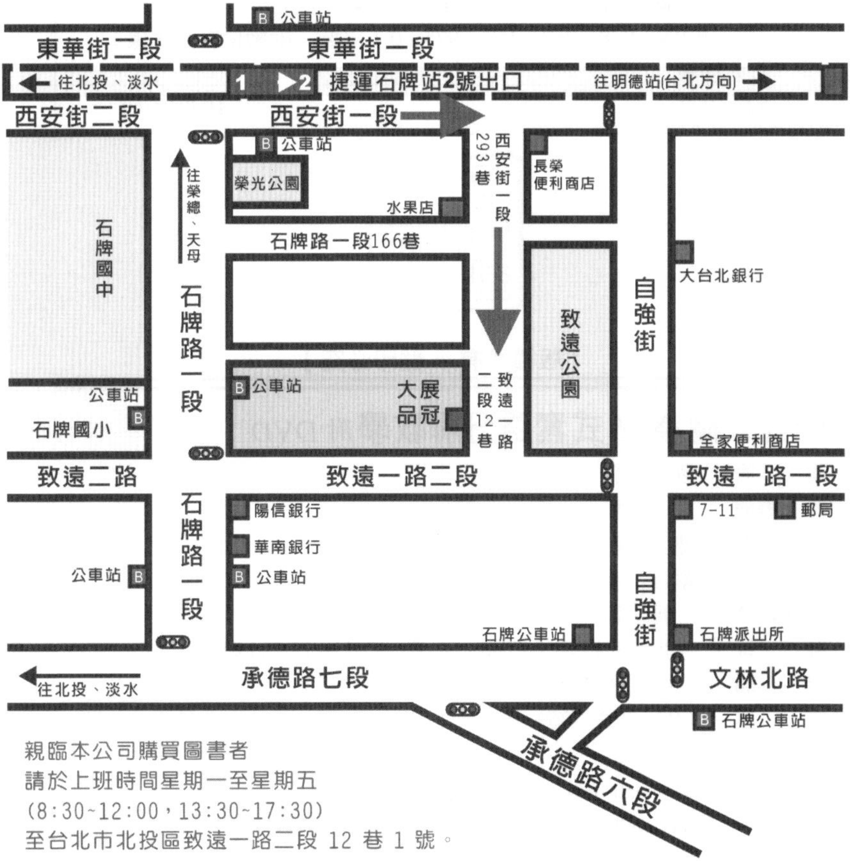

親臨本公司購買圖書者
請於上班時間星期一至星期五
(8:30~12:00，13:30~17:30)
至台北市北投區致遠一路二段 12 巷 1 號。

建議路線

1.搭乘捷運．公車

淡水線石牌站下車，由石牌捷運站 2 號出口出站(出站後靠右邊)，沿著捷運高架往台北方向走(往明德站方向)，其街名為西安街，約走100公尺(勿超過紅綠燈)，由西安街一段293巷進來(巷口有一公車站牌，站名為自強街口)，本公司位於致遠公園對面。搭公車者請於石牌站(石牌派出所)下車，走進自強街，遇致遠路口左轉，右手邊第一條巷子即為本社位置。

2.自行開車或騎車

由承德路接石牌路，看到陽信銀行右轉，此條即為致遠一路二段，在遇到自強街(紅綠燈)前的巷子(致遠公園)左轉，即可看到本公司招牌。

大展好書　好書大展

品嘗好書　冠群可期